LA MUSIQUE EN PORTRAITS

音楽の肖像

堀内誠一 × 谷川俊太郎

小学館

幽霊　H・Sに

見慣れた微笑を浮かべて
男はジャンボ機の通路を歩いてくる
頭には紺色の船員帽
手には水割りの入ったプラスティックのコップ
「やたらひろびろした野原みたいなところでね
光はやっぱりフラ・アンジェリコふうだけど」
男は照れくさそうに小さな笑い声をたてる
私たちを置き去りにしたことを詫びるみたいに
「手紙下さいよ　絵を入れて」
私があつかましくもそう頼むと
「それより早くこっちへ来ませんか」
と男は答える

窓の外目の下にひろがる雲海が
上る朝陽に桃色に染まってゆく
「まだ時差ぼけでね
娘の夢にもうまく入りこめない」
そうして男は窓を抜け
雲海の上をゆっくり歩み去った

音楽の肖像―目次

Braque

Gontcharova

BRAQUE

絵・エッセイ――堀内誠一
詩――谷川俊太郎

音楽の肖像

ヴォルフガング・アマデウス・モーツァルト

Wolfgang Amadeus Mozart 1756-1791

大陸の空は変りやすくてジュピターが遊んでいるよう。いま陽が照っていたのに急に暗くなって雹《ひょう》がフロントグラスをたたく、かと思うと往く道の先には晴れ間が出ている。モーツァルトの音楽の転調。

モーツァルト一家は年がら年中ヨーロッパを股にかけて演奏旅行をしていたが、乗り物は馬車の時代、乗り心地が何時もいいとは言えないだろう。冷え込む日など……次の宿場まで小さな子がよくオシッコを我慢できたものだと思う。それでか、モーツァルトは腎臓が弱かった。

音楽祭でなくても観光客であふれている、彼の生れ故郷ザルツブルクではモーツァルト玉という練り菓子を売っている。彼が音楽の次に夢中になった玉突きから誰かが思い付いたのだろうか？　この町は河が広いから救われるものの、塩町という位で、塩坑のある山の北側にへばりついた日陰がちの狭苦しい町。山のてっぺんで町を睥睨《へいげい》している中世の城塞にケーブルカーで昇って、反対側のうって変ってのびやかな田園を見渡すとほっとする。それは彼が愛してやまないイタリアに続いているから。

茶店のワインを口にふくんでフト見ると、南の陽を浴びた風景のなかを、いま一台の馬車が少年モーツァルトを乗せて彼方へ消えていくところだった。

人を愛することの出来ぬ者も

これが一番いいもの
澄みきった九月の青空には及ばないかもしれないが
もしかすると世界中の花々を全部あわせたよりもいいもの
束の間たゆたってすぐに大気に溶けこんでしまうけれど
その一瞬はピラミッドよりも永遠に近い

これが一番いいもの
渇ききったのどがむさぼる冷たい水とは比べられないにしても
炊きたてのご飯に海苔に卵に塩鮭と同じくらいいいもの
飢えた子どもがいることを忘れさせるほど無邪気で
ぼくらを人よりも天使に近づけてしまう恐ろしいもの

これが一番いいもの
罪つくりなぼくら人間の持ち得た最上のもの
看守にも囚人にも敵にも味方にもひとしく喜びを与えるそれが
神殿や城や黄金ではなくましてや偽り多い言葉ではないことに
ぼくらはせめてもの満足を覚えてもいいのではなかろうか

これが一番いいもの
この短い単純きわまりない旋律が
ぼくは息をこらす　ぼくはそっと息をはく
人を愛することの出来ぬ者もモーツァルトに涙する
もしもそれが幻ならこの世のすべては夢にすぎない

アントニーン・ドヴォルザーク

Antonín Leopold Dvořák　1841-1904

チェコスロヴァキアのブラチスラヴァで会ったK氏（カフカじゃありません）は日本で地震と台風に出合って本当に驚いたと言う。「国じゃおよそ自然の脅威なんて考えてもみませんでしたから」（「……怖いのは人間だけ」と、昨今の東欧の人らしく言葉を付け加えた。）なるほど、と私たちは改めて思う。東欧の何という気候のおだやかさ、ボヘミアの空気は更にしっとりしていて、田園風景はこの国が工業立国なのを忘れさせてしまう。

この景色と切り離せない画家、ヨゼフ・ラダは村の靴造りだった父の風貌をハシェクの小説の主人公、兵士シュヴェイクで示したが、プラハに近い村のドヴォルザーク博物館に見る作曲家の父親の写真もシュヴェイクに骨相が似ている。この博物館の建物は彼が生れた家で肉屋兼食堂、少年時代は店でヴァイオリンを弾いて家業を助けた。彼ももちろん、髭の生え方まで父親似。ケンブリッジ大学名誉博士のガウンを付けた姿は、この髭と帽子のせいでジンの広告にあるロンドン塔の番兵みたいにいかめしい。弟子のスークが娘オティーリエに寄りかかっている写真もある（スークはのち婿に）。父親の目から見ればダラしないの一語だろうが、人恋しにかけては彼のほうが重症で、新大陸では日を置かずにボヘミア移民の村に通っていないと淋しくて居たたまれなかった。

いかめしいヒゲ男たちもビールかワインの新酒でも入った日には、例のドゥムキーを聞いてはワッとばかりテーブルに顔をうずめ、涙と鼻水で髭をグショグショにしてしまう。

ドヴォルザークが生れたネラフォゼヴェス（19世紀の版画から）

音楽の中へ

それからぼくは音楽の中を歩いて行った
人影はなかったが
広場はいのちに満ちていて
その下に深い海をかかえていた

見えない木々の一生が過ぎてゆき
罪は許される予感におののき
王子と農奴の記憶がまじりあい
星々の卵がびっしり空をうめていて

ぼくのからだは透き通り
桃色の内臓の奥のぼくの気持ちは

宇宙の果てまでひろがって
その先へとこぼれ落ちた

そしてぼくは帰ってきた
アンプの真空管のほのかな光をたよりに
そこに宿っているものもまた
ぼくの生きるあかしだと知っているから

クロード・ドビュッシー

Claude Achille Debussy　1862-1918

ドビュッシーは見ただけで恐ろしげだったとロラン・マニュエルは言っている。異様に突き出た額、メランコリックな眼付き、分厚いくちびるは「異教の神、フィレンツェの傭兵隊長、肉感的で陰鬱なジプシー」を思わせたというから、暴君役か怪奇映画の俳優みたいだ。彼自身、自分の天才を意識し、世間と隔絶した孤独をかみしめていて、ショーソンにあてた手紙に、「芸術家は死んでからでないと認められない存在なのだから、当代の人々とは決して交わらないほうがいい」と書いている程で、とても付き合える人柄ではないが、画家にとっては描き甲斐があったからローマ賞留学時代から肖像画がいくつも残っている、息づまるような感じの。

その後も、エンマ夫人との間に生れた娘のクロード・エンマをとても可愛がった。ピアノ曲『子供の領分』は彼女のために作曲した。『ゴリーウォーグのケークウォーク』は当時英米で人気のあったアプトンの黒人の人形が主役のシリーズで絵本との関連を考えさせる。次いで彼は、人形劇のための子どものオペラ『おもちゃ箱』を作曲して、絵本仕立ての楽譜集を作るのである。そしてすこぶるモダンな画家アンドレ・エレを起用した。この楽譜本は今日も引き続き刷られている。また彼はカメラを手に入れて家族の写真をよく撮った。娘とブーローニュの森でおべんとうを拡げている写真で、やれやれといった顔で、当時のどこでも見られた子持ちのオッサンと同じ親密さを感じさせる。何たる不幸か、子どもは十三歳までしか生きなかった。

［子供の領分］のために

1 グラドゥス・アド・パルナッスム博士

リスが駆け回っている
葉っぱが風に舞っている
鍵盤の上の男の子の指も
負けずに音楽の小径を走っていくが
音楽は待ってくれない
いったいどこへ向かっているんだろう
雲に向かって背伸びするかと思えば
地下水みたいに草むらの下に隠れてしまう
いつになったら音楽をつかまえられるのか
男の子は思う

音楽は大好きなあの栗色の髪の女の子そっくりだ

2 象の子守歌

象は寝床でずしんずしんと寝返りばかりうっている
野外音楽堂で〈動物の謝肉祭〉を聴いてから
丘の上のワイナリーでワインを樽からしこたま飲んだのだ
そしたらかえって目が冴えて眠れない
図体に似合わず心配性だから
象は明日の天気が心配だ
いとこの虫歯も心配だ
ジンバブエのインフレも気になるし
恐い夢を見るんじゃないかと気が気でない
三日月がそんな象を困ったように見つめている

3 人形へのセレナード

女の子は人形に話しかけます
「ねえ　私のこと好き？」
人形はぱっちり目を見張って黙っています
「私はあなたが大好き　でもメレンゲのほうがもっと好き」
人形はぱっちり目を見張って黙っています
「怒った？」女の子が訊きます
人形はぱっちり目を見張って黙っています
「あなたは無口ね　私はおしゃべりだけど」
そう言って女の子は人形を抱きしめます
人形がかすかに微笑んだようです

4 雪は踊る

雪はゆっくり踊りながら舞い降りてくる

少しでも長く六角形の結晶でいたいから
手のひらで溶けてしまうのがもったいないから
でも雪だるまになるのだったら悪くない
ひとしきり子どもたちと遊んでやって
それから雫になってぽたぽた落ちて
水仙の根っこに吸われてまた空に帰れる
春になっても雪はどこかで夢見ているのだ
またいつかきれいな六角形になれる日を

5 小さな羊飼い

小さな羊飼いは待っている
何を待っているのかも分からずに
なだらかな丘の斜面でおだやかな日の光を浴びながら
待っているのが幸せで楽しい日がある
待っているのが不幸せで苦しい日がある
小さな羊飼いは羊に向かって問いかける

ぼくはいつ待たずにすむようになるのだろう?
だが羊たちは〈めえぇ〉と言うだけ
しかたなく小さな羊飼いは自分で自分に答え始める
早く大人になりたいと思いながら

6 ゴリーウォーグのケークウォーク

ピアノを弾いている人は
ここではない国のここではないホールで
メゾフォルテさんとデートしています
四分の二拍子で踊りながらちらっと見ると
隅っこでピアニッシモちゃんが泣いている様子
慰めようと色んな色のリズムキャンディをあげたら
突然ピアニッシモちゃんがスフォルツァンドに変身した!
ピアノを弾いている人はびっくり仰天
それでも優しい休止符に頼らずに弾き終えて
拍手のシャワーで汗を流します

ガブリエル・フォーレ

Gabriel Urbain Fauré　1845-1924

晩年の写真でフォーレの姿を憶えたが、若い頃の肖像画だと熱血漢タイプ、初めから枯れていたはずがない。生れたパミエはピレネーの麓で、剛毅で鳴らしたラングドック騎士たちの故郷。代々の家系に音楽家はいないのに、あるとき盲目の老女が訪れて少年ガブリエルの楽才を告げ、専門教育を受けさせよと教師をしていた父親に薦めたという。さすが吟遊歌人《トルバドゥール》ゆかりの地らしい逸話だ。

　パリ、ニデルメイエール音楽学校を作曲の一番で卒業してレンヌの聖ソヴール寺院のオルガニストに赴任した。何事にも無頓着な南国人気質のうえに若かった。司祭の説教が始まると外に出てタバコをふかしていたまではいいが、県祭りの土曜の晩、踊りあかして着替えるヒマもなく、エナメル靴と白タイ姿でミサのオルガンを弾いたのが偏狭なブルターニュの信者たちを怒らせてクビになる。けれどそれで女性歌手の演奏旅行の伴をして自作歌曲『蝶と花』を世に認めさせることになった。

　ピアノ連弾曲『ドリー』は女友達のエンマ夫人が蝶よ花よの娘エレーヌ（愛称ドリー）に誕生日ごとに贈った曲で、初めの優しい子守歌はドリーをというよりドリーの持っているお人形を寝かしつける曲。六年後の終曲『スペインの踊り』は大分大きくなったドリーがフラメンコの真似をして踊るコケットリーな姿を想像させる。この曲の初演者コルトーは「フォーレは詩人らしからぬ、たたきつけるようなタッチで弾いていた」と言っている。ドリーを挑発していたわけですね。

夢のあとに

パリの街角のいつもの店で
バゲットを買う夢を見ていた
目覚めるとパンが焼ける香ばしい香り
私のパートナーはいつも早起きだ

大きくなったら何になりたいと
中学の教室で訊かれて作曲家と答えたら
女の子たちがくすくす笑った
私がろくに歌も歌えないのを知っていたから

フランスで学んだのは遺伝子工学
作曲への夢は何処かへ行ってしまったが

パートナーはカウンターテナー
夢の通り道は曲がりくねっていて…

夢のあとが今日のこの現実とは限らない
音楽はいまだに私に未来を夢見させる

マヌエル・デ・ファリャ

Manuel de Falla y Matheu 1876-1946

ファリャの音楽が鳴った途端、心はいっきにスペインに飛んでいってしまう。アンダルシアでは女と目があったら最期《さいご》。セビリアのキャバレーのようなところで舞台からツカツカ降りて目の前にきたジプシーの踊り子に「なんで目をそらしたんだい！　あたしゃ石か！」とすごまれた。恐ろしい。アモンティリャードをこぼしてしまった。

土地っ子はいっこうに目が疲れないとみえて、宵から夜半にかけて町中の男と女がにらみ合いに外へ出てくる。良家の年頃の娘はちゃんと両側に親がついての顔見世だ。うんと相手が近づいたら見つめるだけじゃなくて「おお、貴女は真珠のようだ」とか何とか言わなきゃいけない。これが礼儀で、猫みたいにフーッとはくだけでもいいそうだ。闇のなかから『恋は魔術師』の『きつね火の歌』のメロディが立ちのぼってくる。

この一種殺気立っているような緊張感、フラメンコの突然の手拍子がピストル音みたいに胸をつんざく感じを、パリ生れのスペイン人ダダイスト、フランシス・ピカビアは男性舞踏士のシルエットと裸女の標的を並べた機知あふれるタブローにしている（左の絵参照・『スペインの夜』一九二二年作）。ピカビアはサティのバレエ装置を担当しているが、ファリャとは組んでいない。やはり地方色を出すという点ではピカソのほうが無難だったのだろう。

アンダルシア生れのファリャも晩年は修道士のような、カスティーリャの岩山みたいな風貌になって『クラヴサン協奏曲』のような禁欲的で武張《ぶば》った曲を書いた。未完の『アトランティーダ』とはどんな曲だったのだろう。

LA NUIT ESPAGNOLE
Sangre Andaluza

贈り物

その歌を聴き始めた刹那
ありありと脳裏に浮かんだ
あの人の表情
放課後の古ぼけた音楽室で
あの人が歌っていたファリャ
聞いていた私
淡い恋だったのか
二人とも無邪気だった

進むことも深まることもなく
心はディミヌエンドしたが
歌になった声を

幻のように耳にして今
音楽が時を超えてもたらす
かけがえのない贈り物を
何に感謝すればいいのか
私の心の微笑みは消えない

エドヴァルド・グリーグ

Edvard Hagerup Grieg 1843-1907

港町ベルゲンの住宅地は山腹に続いている。ケーブルカーで登ると水色の鏡のようなフィヨルドが見渡せて、こんな処に住みたいなと思う。景色に惹かれて入江を奥へ行くと、グリーグが住んだトロールハウゲンに着く。

彼は初め、この丘の下の岸辺に近いトロル谷《タール》に小屋を建て、楽想にふける場所にしたが、ここの静けさがすっかり気に入って妻ニーナとの永住の地に決めたのだった。

夫の伴奏でしか歌わなかったらしい声楽家のニーナ夫人の教養とセンスは作曲家に霊感を与えたという。トロルの丘《ハウゲン》という屋敷の名も夫人の発案で、トロルとはスカンジナヴィアの森に棲む魔物である。じっとしているときは、苔むした樹のようだというから、晩年のグリーグみたいだ。

グリムと同じ頃、ノルウェーでもモオとアスビョルンセンの二人が消えかかった民話《メルヒエン》を集め『太陽の東 月の西』にまとめるなどの機運があり、伝説から想を得た『ペール・ギュント』によってグリーグは民族の魂を音にした。

トロールハウゲンの夏の音楽祭では人々は林のそこここの草の上で曲に耳を傾ける。娘はソルヴェイグと同じ民族衣裳をつけている。

彼のピアノ曲は、ときに森の苔や木イチゴの香り、海を渡る風やニシンの匂いを運ぶ。これと同じ味の家庭料理があることだろう。

ベルゲンの漁港のそばの料理屋でいちばん安そうな魚料理を指差したら、とてつもなく大きなカズノコのソテーが出てきた。

ときめき

そのモノクロ映画のヒロインの
顔も名前も覚えていないが
ピアニストを目指す彼女の弾く曲で
十代の私は音楽に淫することの畏《おそ》れと
うしろめたい歓びを心に刻んだ

ムンクの描いた叫びとは違って
むしろ口を噤《つぐ》むことで醸《かも》される感情
後になって私が知ることになる
心の深みに湧いた憧れにも似たそれは
やがて恋の通奏低音となった

音符が並ぶ無言の譜面が
言葉が追いつくことの出来ない速さで
人を見知らぬどこかへ拐《かどわ》かす
そのときめきの訪れを
今も私は待ち望んでいるのだろうか

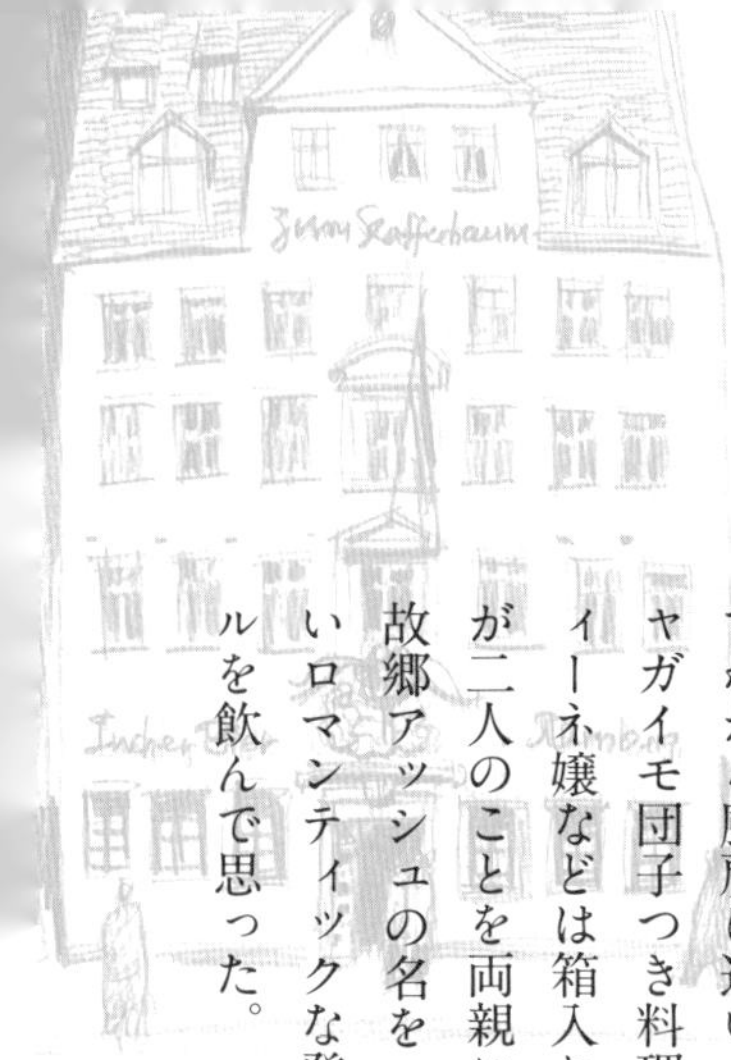

ロベルト・シューマン

Robert Alexander Schumann 1810-1856

大学と出版、織物協会管弦楽団《ゲヴァントハウス》で名高いライプツィヒに、やはり名高い呑み屋が二軒ある。ひとつは学生ゲーテが常連だった地下の酒場『アウエルバッハス・ケラー』。彼の戯曲のおかげでファウスト博士が通った店ということになっていて、メフィストフェレスの家来みたいな女給たちが陽気に騒いでいる。

もう一軒は、法学にいや気がさして音楽家を志したシューマンが、終日、同志と新しい音楽を論じ合った『コーヒーの木《バウム》』と呼ばれるカフェで、酒盛りも食事もできる。シューベルトも来たことがあり、ゲヴァントハウスの楽長メンデルスゾーンものぞいたろうし、ブラームスは勿論、この近所で生れたワーグナーなら子どもの頃から知っていた店だろう。

新音楽時報第一号の檄文が起草されたであろうシューマンたちの席は、夜食は何が出るか匂いでわかる厨房に近いコーナー。こうした店は学生の巣で、ジョッキやグラスがかち合わされ、ジャガイモ団子つき料理を食べながら給仕娘をからかったりした。シューマンの初恋のエルネスティーネ嬢などは箱入り娘だから連れてこられない。しかしここで失恋の痛みもいやした。クララが二人のことを両親に言いつけたためにエルネスティーネは親許に呼び戻されてしまう。彼女の故郷アッシュの名をop.9の『謝肉祭』のA・S（Es）・C・Hの音階に隠すといった、学生らしいロマンティックな発想は、ここの雰囲気から生れたのだろう、と、僕もシューマンの席でビールを飲んで思った。

音楽

穏やかに頷いて
アンダンテが終わる
二つの和音はつかの間の訪問者
意味の届かない遠方から来て
またそこへ帰って行く

幻のようにか細い糸の端で
蜘蛛が風に揺れている
それを見つめているうちに
フィナーレが始まる
最後の静けさを先取りして

考えていたことすべてが
時の洞穴に吸いこまれ
人はなすすべもなく生きている
せせらぎのように清らかに今
世界を愛して

フレデリック・ショパン

Frédéric François Chopin 1810-1849

文学者も音楽家も、よく絵を描いた時代があった。ゲーテ、ユーゴー、メンデルスゾーン、シューマン。旅ごころをとどめる風景画はロマン主義とは何か、というようなことを示している。

中学生のショパンは授業中の先生の見事な肖像画を描いたし、ノートはいたずら描きの漫画でいっぱいだった。

一八二九年、十九歳の彼が描いたワルシャワの夜景は、雲行きの激しい空、満月の光がフラッシュのように廃墟めいた町を浮きあがらせていて、この絵を『革命戦の予感』と題してもよく、翌年、彼は祖国に別れを告げ、パリに向う途中でロシア軍のワルシャワ占領を知って『革命のエチュード』の曲は生れた。

何という悲運つづきの都。第二次大戦は遂に建物の一切を灰にした。モスクワ大学そっくりの解放者の建物が、ユニットアパート群を睥睨している今日のワルシャワで、ショパンの描いた旧市の一角だけが昔どおりに再建されていた。

その広場に面して料理屋があり、かつて長髪、大酒呑みのロマン主義者たちが集った店の特別料理は、鹿肉をつめて焼いた大きなパン。けれど、肉汁を吸って美味《うま》そうなパンは取りすてて、肉にソバの実の煮たのをそえるのだった。実に何というか、古風な味。

野牛の好きな草の香りをつけたズブロッカに酔って外に出ると、灯りの少ない街は月空のほうが明るく、蒼古たる建物の並んだ姿は、ショパンの描いた絵そのままに見えた。

ショパンとサンドが滞在したマヨルカ島ヴァルデモサの僧院

音楽ふたたび

いつかどこかで
誰かがピアノを弾いた
時空を超えてその音がいまも
大気を震わせぼくの耳を愛撫する

はるかかなたからの甘美なささやき
それを読み解くすべがない
ぼくはただ身をまかせるだけ
風にさやぐ木立のように

初めての音はいつ生れたのか
真空の宇宙のただ中に

なにものかからの暗号のように
ひそかに謎めいて

どんな天才も音楽を創りはしなかった
彼らはただ意味に耳をふさぎ
太古からつづく静けさに
つつましく耳をすましただけだ

ルートヴィヒ・ヴァン・ベートーヴェン

Ludwig van Beethoven 1770 - 1827

モーツァルトは行きつけの店で、今日は疲れたから、と珍しくワインを注文し、それが彼が店に現れた最後だったと店主が証言している。何時もはビールだった。

ベートーヴェンはビール党のようでいて（というのは勝手な想像だが）ワイン好きである。彼が生れたボンもラインワイン産地の町といった趣きだが、いまはウィーンと街つづきのハイリゲンシュタットも、彼の住んだプファール広場から少し行くとカーレンベルクの山が望め、その麓一帯は彼の散歩区、ヴィーナーヴァルト、すなわちワイン醸造地である。

ベートーヴェンがこのあたりを歩き廻って作曲したのは誰知らぬ者はない。うつむき続けで頭を樹にぶつけたり、うなりながら牧場に突っ込んで牛をおびえさせた。農家の人は乳の出が悪くなると文句を言ったが、彼は聞く耳を持たなかった。そして乾いたノドを農家のテーブルワインでいやした、のではないかと思う。

まだブドウ畑が冬枯れず、黄金色《こがねいろ》の葉をつけている頃、ワインの新酒ができて、それを告げる松葉の玉が農家の軒先に下げられる。新酒の看板は日本酒もワインも似ているのだ。で、そこに入ってみると、ウィーンの町を見おろせる庭に椅子テーブルが並べられていて呑ませてもらえる。新酒祭りなのかタダであった。呑み放題なので礼儀としてつまみを所望してその代金を払う。自家製のハムやチーズで、それがまた美味しくて歓喜なのだった。

ハイリゲンシュタット（18世紀の版画から）

ベートヴェニアーナ

子どもが夜
眠っていて笑う
その時壁にベートーヴェンのデスマスクが
かかっている
どんな技巧も要らないのだ
そのふたつのものの関係を歌うためには
けれど喜びを持続させるためには
ひどい苦しみが必要だ
幸せに生きつづけるには
少くともひとつの不幸が必要だ
それを子どもに
どう説明したものだろう

ベートーヴェンがこの世に置いていったもの
音楽
それは裏切ることのできぬもので
あらゆる星の法則を含んでいる
それは火星人を
人間に変えることすら可能だというのに

ヨハネス・ブラームス

Johannes Brahms 1833-1897

一振りの剣

暗い水の流れの中にいた
川岸では木立が風に騒いでいる
どこか遠くから若い娘の叫びが谺《こだま》して
自分はもう死んでいるのだろうか
もしそうだったら嬉しいのか
それとも悲しいのかもわからないまま
見えない音楽の波に揺られていた

ああこれはブラームスだ
そう気がついて男は夢想から覚めた
もう物語には飽き飽きして
言葉では語れないものばかりが

焦らすように男の周りにたちこめている
霧のような霞のようなその中で
ヴァイオリンは一振りの剣

言葉の理性とは似ても似つかない
音楽の理性の光の一閃《いっせん》
見えたと思った何かは幻だったのか
回っている一昔前のレコードがもたらす
緩やかな眩暈《めまい》に酔って
自分が誰かを忘れた中年男は
亡母の思い出の中に立ち尽くす

ジョージ・ガーシュイン

George Gershwin 1898-1937

『パリのアメリカ人』の散歩は車のクラクションが流れるグラン・ブールヴァールから始まる。確かにここは、ひょいと脇道に入れば意外と人通りがなかったり、サクレ・クール寺院が仰ぎ見られたりもするのだ。

オーケストレーションをこなす必要から、ガーシュインがラヴェルに弟子入りを申し出たのはパリでの話で、『ボレロ』の作曲家は「ラヴェルが二人できても仕様がないでしょ」と言って断わったとか。お互い、もう対等、それに世間が二人を流行児扱いしている。彼が先に言い出さなきゃ、ラヴェルのほうでジャズの教師にと頼んだかも知れない。

オペラ通りの脇のアメリカンバー『ハリーズ』のインテリアは第一次大戦後のままなのか、客までピューリッツァー賞記者といった感じに見え、俳優だとアーサー・ケネディが坐っていて似合う、早くいえば暗くて青臭いムードで、こちらも覗き客だが、排他的な感じがするここにガーシュインのいた図を想像できない。同じハリーズ・バーでもヴェネツィアとかフィレンツェにのれんを分けたレストランの、明るく清潔な空間のほうがふさわしい。

20年代の男たちは皆、身だしなみ良く髪を光らせていた。以前ビバリー・ヒルズ近くの老舗《しにせ》だがピカピカの床屋で、男性雑誌の表紙を撮る仕事をしていたら、客の一人が『ボレロ』を踊って世を風靡《ふうび》したジョージ・ラフトなのに気がついた。

便り

――ガーシュイン プレリュード No.2

ガーシュインの手紙には
しゃれた書体の拝啓がついてた

大都会の断片をかれは送ってよこした
夜のネオンに青くかがやく断片
さびしくガソリンの匂う断片
新刊書の表紙のような断片
そしてニューヨークに黒いしめった土がないのを
悲しんできた

ガーシュインの手紙には

名残おしげな敬具がついてた

1950.3.10

ダリウス・ミヨー

Darius Milhaud　1892-1974

港町マルセイユからエクス・アン・プロヴァンスに来ると、ぐっとインテリジェントな感じがする。大学町だから実際そうなんだけれど、エクスの地名はローマ時代から湧き水のある意味で、巨《おお》きなプラタナスの並木通りの中央にいくつもある苔むした井戸からこんこんと水があふれている。南仏の太陽に当ったあとだとスーッと汗がひいて頭がスッキリする。

盛ソバでも食べたいが、代りにレストランにラタトゥイユの冷たいのがあるか聞くといい。ナスとかズッキーニ（キュウリの形で味は冬瓜《とうがん》か？）とかの野菜をオリーブ油でいためた惣菜で、昨夜の残りを冷蔵庫にとっておいたやつがめっぽう美味い。これを肴《さかな》に、シェリーを思わせる野趣ある地酒カシスの白でやる。

小路に入るとヴァイオリンの音がして、塀のプレートにダリウス・ミヨー音楽院とあった。エクスは彼の生地、彼の音楽祭が開かれ、晩年のクヮルテット18番は同じエクス生れの巨匠ポール・セザンヌに捧げられている。

真白な聖ヴィクトワールの岩山のように彼も孤高だが、同時代の芸術家で言うならバレエ『天地創造』で組んだフェルナン・レジェだろう。彼は北の生れだが南仏にも住んだ。二人ともスノッブのけだるさと無縁の完全燃焼型、テーブルにドンと置かれたワインの大瓶のように気取りがなく、ピアノ曲『マルティニーク島の舞踏会』のようにエネルギッシュで庶民的。

Horiuchi

午後のお茶

ダリウス・ミヨーの「家庭のミューズ」の中の
〈台所〉って曲はわずか三七秒しかないんだ
玉葱を刻みながら売れない作家の夫が言う
妻は手許の資料から目をあげない

〈詩〉という曲もあるんだよ
こっちは一分四五秒
聞いているしるしに妻は小さく頷く
三歳だった息子を亡くしてからもう十年

いつの間にかコンサートに行くのも間遠になり
二人はもっぱらインターネットを頼りに

各々ヘッドフォンで聴くようになった

ここのところ夫はミヨーかプーランク
妻はスカルラッティを漁《あさ》って聴いている
妻が分厚い資料を置いて立ち上がった
お決まりの午後のお茶の時間だ

フランツ・シューベルト

Franz Peter Schubert 1797-1828

音楽の時

鍵盤の上の手を休めて
シューベルトは未来の子どもの眼で
暮れかかる野に目をこらす
子どもよ　君は聞くだろうかこれを
この生まれたばかりの旋律を
太古から存在していたかのように

いまその旋律が夕暮れの野から
彼方の山なみへと溶けてゆく
耳をヘッドフォンに預けて
少年はきれぎれの空想に身をまかせる
少女は菩提樹の枝にまたがっている

懐かしい闇がゆっくりふたりを抱き取る

モデスト・ムソルグスキー

Моде́ст Петро́вич Му́соргский　1839-1881

ムソルグスキーの独創的な才能は五人組のなかでもズバ抜けていたのに、役所づとめを続けながら作曲し、ために深酒して四十代はじめで世を終えた。

少ないがピアノ曲はどれも素敵で、大曲『展覧会の絵』は天才の大盤振舞《おおばんぶるまい》にあずかれる。そのもとになったハルトマンの絵は舞台装置のプランのようなのが多く、一向に面白くないだけ、ムソルグスキーの想像力、その飛翔性におどろいてしまう。

実は、終曲のキエフの大門*とはいかなるものか見に行ったら、十三世紀に蒙古との戦いで壊された史跡が残るだけ、コンスタンチノープルに次ぐ聖都として栄えた往時の様子は市の歴史博物館で偲ぶほかない。ドニエプル河岸には交易で盛んな町並みがひしめいていて、百の教会を数える聖域は港から仰ぐ丘にある。鐘の音で面《おもて》をあげた人々に黄金のネギ坊主型の塔が次々に空に延びると見えたことだろう。彼はそのすべてを音画にしたが、キエフ生れでも、旅行好きでもなかった。

ウクライナ名物は赤紫のビーツを使うボルシチと鶏のカツレツだ。どちらもほの甘く、挽き割り麦のお粥とおなじ素朴で温かいおふくろの味。魔法の鍋からお粥があふれ出て止まらなくなった村の話や、煉獄に天国から垂らされたネギの民話など、彼が聞いたらそれも曲にしたことだろう。

お話に目を輝かす子どものような人だった。ロシアというおふくろ、彼は自分の子どもの部分をヒゲでかくしていた。

*註　キエフの大門は一九八二年に復元されている。

Horiuch

絵と音

友だちの個展のヴェルニサージュの晩に
もうひとりの友だちのリサイタルがあった
曲目が偶然にも「展覧会の絵」だった
絵は具象ではなかったが抽象の冷たさがなく
ヒトの手が生み出す勢いと温みがあった

目と耳　視覚と聴覚
別々のように考えられているふたつは
どこでひとつになるのだろう
画家と音楽家　二人の友人は顔も性格も違う
一緒に会って飲むとすぐ議論になる

言葉は感情と理屈で動くが
絵も音楽も感情で動いても理屈では動かない
帰ってからそう考えたが
そう簡単には割り切れないだろうとも考えた
絵も音楽も意味を離れて存在している

正しいものよりも美しいものが好き
眠りこむ間際にそんな言葉が浮かんだ

モーリス・ラヴェル

Joseph-Maurice Ravel　1875-1937

ひとりで

「亡き王女のためのパヴァーヌ」を聞いていると
ぼくは一生ひとりで暮らすほうがよかったんじゃないかと思う
そば粉のパンケーキを焼いてメープルシロップをかけて
ひとりで食べる自分の姿が目に浮かぶ

友達なんかだあれもいないのだ
もちろん妻も恋人も
従兄弟の名前ひとつ覚えていない
両親の墓参りは嫌いじゃないが
それはもうふたりとも死んでいるから

マスターベーションするんだろうか

それとも女を買うんだろうか
朝までしつこくやるんだろうか
いろんな体位で

赤ん坊の夜泣きも妻の罵声も知らないぼくが
「亡き王女のためのパヴァーヌ」を聞いている
だがひとりぼっちのぼくはもうひとつの人生を思い描いたりはしない
忠実な老犬のようについてくる旋律を従え
冬枯れの並木道を歩いてゆく
かかわったこともない人間への憐みに満ちて
そうやって精一杯この世を愛してるつもりなのだ
悪意も情熱もなく

ヨーゼフ・ハイドン

Franz Joseph Haydn 1732-1809

ハイドンの生涯は素晴らしい。

毎朝昇る太陽、日々のパン、生きる喜び。１２５曲のシンフォニー、84の四重奏、35の三重奏、24のオペラ、14のミサ、３曲のオラトリオetc、全く、しばしも休まず槌《つち》打つひびき。ハイドンの父親は鍛冶《かじ》ではないが同じ一刻者《いっこくもの》の車大工だった。

小学校のある村の親戚に預けられる。音楽はこの国では国語に次ぐ正科で、美声を認められてウィーンの聖シュテファン教会少年合唱団に入る。同僚の下げ髪を切ったり、相当のいたずらっ子だったらしい。声変りでクビになって苦労した。街で歌ったりヴァイオリンを弾いたり。イタリア人作曲家がひろい上げてくれて給料代りに音楽を教えてくれ、古典的型式を完成させた四重奏曲を出版するほどになった二十八歳の時、若い娘に夢中になる。でもその姉と結婚する（モーツァルトのよう）。例によって!?彼女は音楽に関心なくて、髪をカールさせるのに良人《おっと》の原稿をちぎって使った。そんなことにいちいち怒るタチではなかったが、エステルハージ家に仕えて屋敷を持ったあとでも、家庭のわずらわしさから離れて作曲にふけるために小屋を借りていた。

モーツァルトは四重奏曲の領域で彼を師と仰ぎ、彼は喝采でそれに応え、弟子に学び、永生きして栄光の晩年を送った。モーツァルトの手紙に出てくるハイドン、酔ってミサの指揮をしたのは弟のミヒャエル氏で、ヨーゼフ兄は酒で度をこすことはなかったらしい。

ハイドンの生家　ローラウ村

音楽のなか

「いつもハイドンを聴いてる」とイヤフォンを耳からはずしてその子は言った、
「それもストリング・クオーテットばっかり、どうしてかな」
どう見ても小学生だ、三年生というところか
〈ヴァイオリン習ってるの？〉と私が訊く
「弾くのはだめ　聴くほうがいい」、
公園のベンチにちょこんと座っていた見ず知らずの子、
どうして会話が始まったのか
「好きなパッセージだけ聴いてる」
英語がまじるのが自然なのは向こう生まれだからか
「待っていた人が毛皮の外套を着てこっちへ歩いてくる」
〈え、なんだって？〉
「小さな女の子が庭に子猫を見つけて階段を駆け下りてくる
泣きたいのを我慢してうつむいている図書館員もいる

湖の向こう岸にはホリゾントのように連なる雪の山々
もちろん譜面台の上の譜面をすばやくめくる手とか
夜の街角のタベルナから流れてくるガーリックが匂う空気も」
〈君はそんな映画みたいな場面を想像してるのかい、音楽を聴きながら？〉
「想像してるんじゃないよ、みんな音楽のなかにあるんだ、あるけどすぐ消えちゃう」
バセットハウンドを散歩させている老人が通り過ぎた
「あの犬もいたな、作品七十六のビーフラットの第二楽章に、
でもこの公園じゃない、どこかの海岸だった」
突然私の記憶の深みからある旋律が甦った
鳴り響く音がかえって心に静寂をもたらすという逆説
あの日の心の痛みはあの日のまま
だが怒りと哀しみの言葉はすっかり削ぎ落とされて
私の心と体は音楽にいざなわれて青空へとひろがっていった

いつの間にか男の子はいなくなっていた
音楽のあとの静けさに身を委ねていると
私はもう更なる音楽に渇き始めていた

セルゲイ・ラフマニノフ

Серге́й Васи́льевич Рахма́нинов 1873-1943

髭を剃るのを禁じた正教のおかげでロシアでは髭ぼうぼうが普通。西欧かぶれしたピョートル大帝は髭に税を課して改めようとしたが、習慣は十九世紀末まですたれなかった。でもラフマニノフは髭だけは師チャイコフスキーを真似ない。同時代の急進的作曲家スクリャービンさえ口髭をしているのに彼は無髭である。

頭髪も、とっちゃん刈りに短くしている。芸術家風長髪嫌いでは『にんじん』の作家ルナールがいる。文章の長いのはムダと、自分の頭まで刈り込んで示したが、ラフマニノフの芸術は逆である。

旧名ペテルスブルクの南にある古都ノヴゴロド、ラフマニノフは近くの村の名家に生れた。ネギ坊主型の鐘楼を望むヴォルホフ河岸の公園で、僕のはいているジーンズを譲れと言ってきかない少年をあきらめさせるのに苦心した。ロシアやドイツではよく頭を丸刈りにされた少年を見かける。シラミ除《よ》けの衛生スタイル。もしかすると、ラフマニノフは『ブリキの太鼓』のオスカル少年のように成長をこばんできたのかも知れない。偉大な芸術家の時代の永遠の生徒であるために。

革命を逃れ、亡命先のビバリーヒルズで嬰ハ短調前奏曲の話が出ると「40ルーブリでしたよ、マダム」と、学生時代に出版社に売渡した値を答えていた。晩年はソ連復帰を願ったが、彼のモンゴル的風貌は北米先住民《インディアン》の大酋長と殆んど同質化した。旧大陸より来て、切り離されてしまった人の。

終わりと始まり

アダージョの最後の音が
ゆるやかにディミニュエンドしていき
音楽の終わりは静けさの始まりと区別がつかない
……という言葉がもう静けさを壊している

時がどんなせせらぎよりも
ひそやかに繊細に流れていくのを知りながら
私たちは時間をこまごまと切り刻み
それを音楽で償《つぐな》おうとしている

終わりと始まりを辞書は反意語と呼ぶけれど
終わりが終わるとき始まりはもう始まっている

季節もそうして移り変わっていくのに
それを正確に名指すすべを言葉は知らない

古い年の終わりに穏やかに枯れていくものたち
新しい年の初めに生き生きと芽吹くものたち
そのどちらも同じひとつのいのち
切り離してしまえるものは何ひとつないのだ

ジョルジュ・ビゼー

Georges Bizet　1838-1875

結局、ゴッホがプロヴァンスに惹かれて引っ越したのも、ドーデの小説を読んだか、ビゼーの『アルルの女』の評判を聞いたからに違いない気がする。ビゼーは青年時代、「自分はほとんどドイツ人だ」と人に言ったほどドイツ音楽のムードに傾倒したけれど、ヒマワリのような向日性は変らなかった。

音楽学校の成績が良かったからローマには行って、カフェ・グレコに坐った席があるけれど、アルルやスペインに行ったかどうか。アルルとニームとエクス・アン・プロヴァンスを混ぜたような町で、子どもたちが彼等の女王様を囲んで遊んでいるのを聞いている左の絵は想像で、ビゼーは殆んどをパリの町で過ごしたのだろう。

彼が住んで、そこで急逝したパリ郊外の家はブーローニュの公園を通っていくところ、ピアノ曲『遊戯』は公園で遊んでいる子どもたちの観察から生れたのかも知れない。ブランコに乗る子や、コマを廻す子、羽根つき《バドミントン》をする子、木馬に乗った子。のどかな子、せわしない子、子どもの虚勢や心細さ、運動感と夢中の詩をピアノは信じられないほどリアルに表現する。

あの素敵な交響曲も近年になって見付かったくらいだから、万事おおらかな彼の奥さんが散逸させていた並々でない小曲が最近もどんどん出てきているのはうれしい。*

*註　グレン・グールド演奏の半音階的変奏曲、セトラック演奏のラインの歌、他。

ハバネラ

「リズムはカラダ　メロディはココロ
でもリズムはメトロノームじゃない」
口癖のように先生は言っていた
音楽の道を諦め銀行員になったけれど
私にはその言葉は人生訓のように応用が効く

元カノは踊るのが好きだった
カルチャースクールで一度だけ
ハバネラを稽古しているのを覗き見した
しなやかな体が別人のように眩しかった
日夜金銭を相手にしている自分が疎《うと》ましかった

自然にはリズムがありメロディがある
時代にもそれがあるはずだが
私のカラダもココロも日々の騒音に紛れている
海辺へ行って打ち寄せる波音をひとりで聞く
いま望むのはそれだけだ

カミーユ・サン・サーンス

Charles Camille Saint-Saëns 1835-1921

ギリシャ神殿みたいなパリのマドレーヌ寺院でサン・サーンスがオルガンを奏いていたのは似合っている気がする。本人も「ワシは折衷主義者だからね」と言っていた。自分の芸術の過去・現在・未来を見通していたような明晰な彼は、四歳から演奏活動をした神童で、音楽界の大御所、同時に詩も絵も書き、天文学者で哲学者でもあったという。四十二歳のときに一切の要職をやめて、もう自由にあちこち旅行して過ごした。

世紀末、ベル・エポックのパリの知識人なら、東洋《オリエント》に行ったことがあるのが当然で、スエズ運河の開通したエジプトのカイロは我国でいえば上海みたいなファンタスティックな国際都市だったらしい。

ほこりっぽい町に青い宵がおとずれると魔法がかかる。アラビアの御殿ふうのレストラン、突然の音響と共に赤いライトが半裸の踊り子を照らし出し、フェズ色のトルコ帽の給仕たちが扇子をたてたような揚げギョーザのブリックをささげてテーブルをめぐる。ピアノ協奏曲第四エジプト風の二楽章。

『サムソンとデリラ』の作曲家がカルタゴを訪れたときは『サランボー』の音楽が頭の中で鳴りひびいていたことだろう。赤いサンゴと赤い魚とカラスミが市場にあふれるチュニスの街。

結局、サン・サーンスはアルジェで八十六歳で客死《かくし》している。

カスバを除けばマルセイユと変らない旧フランス植民都市も今は、町の標識がさっぱり読めないアラブ文字に塗り変えられてしまっていて当惑させられる。

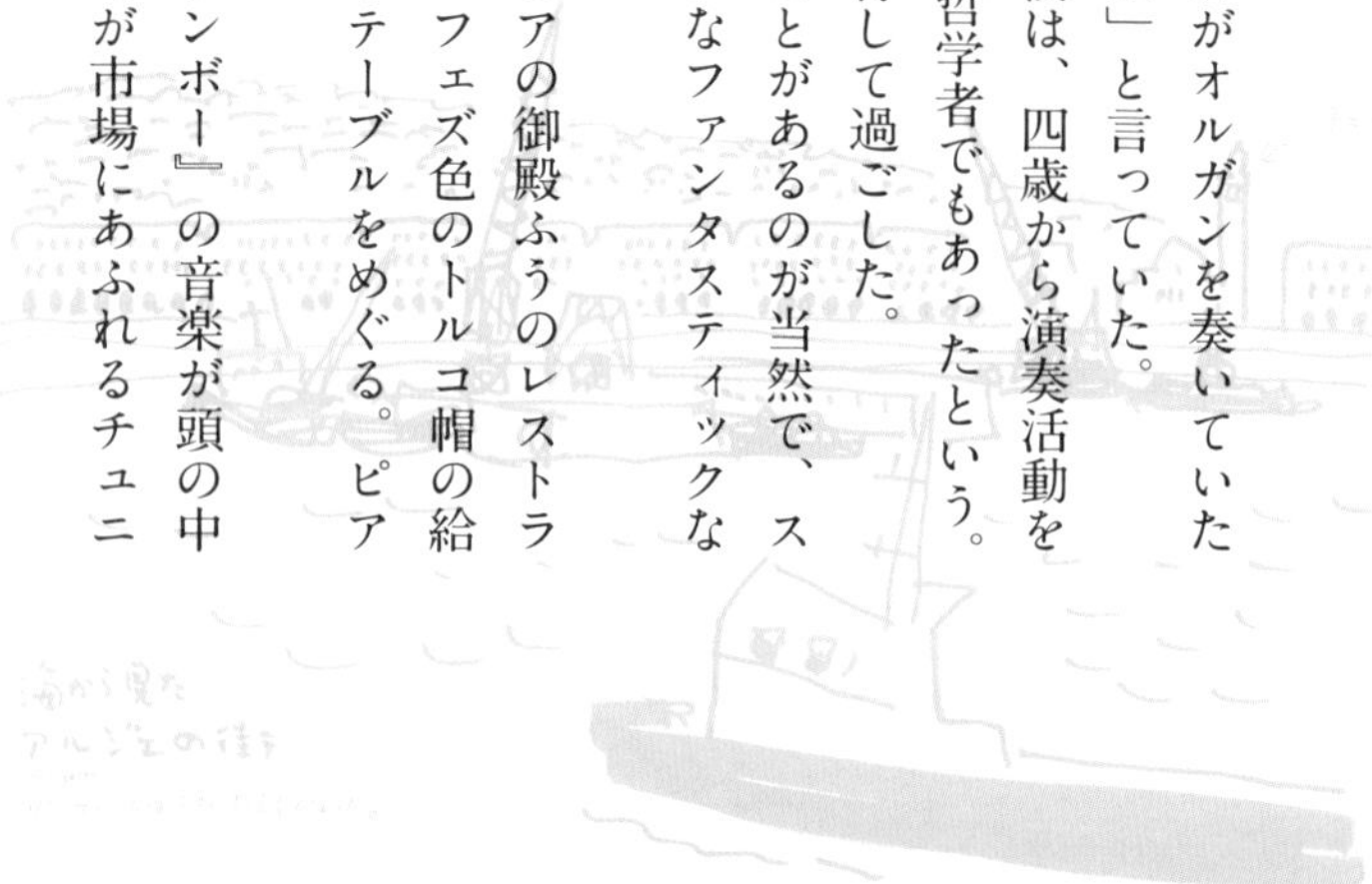

今此処の私のために

音楽は今此処の私のために奏でられる
百年前の汚い路地であっても
未来の宇宙ステーションの内部であっても
過去を振り返らず未来を望まず
それは音を秘めていつも虚空にいる

音楽はひそかに学んでいたのだ
小鳥たちの囀《さえず》りに
鯨の歌に　せせらぎに
木立を揺らす風に　雷鳴に
私たちが生まれる遥か前から

ヒトは皆それぞれに自分の音を持っていて
気づかずに互いに響き合っている
音楽は哀しみと苦しみに学ぶ
喜びにそして言葉を拒む沈黙に学ぶ
見えない時の動きと鼓動をともにして

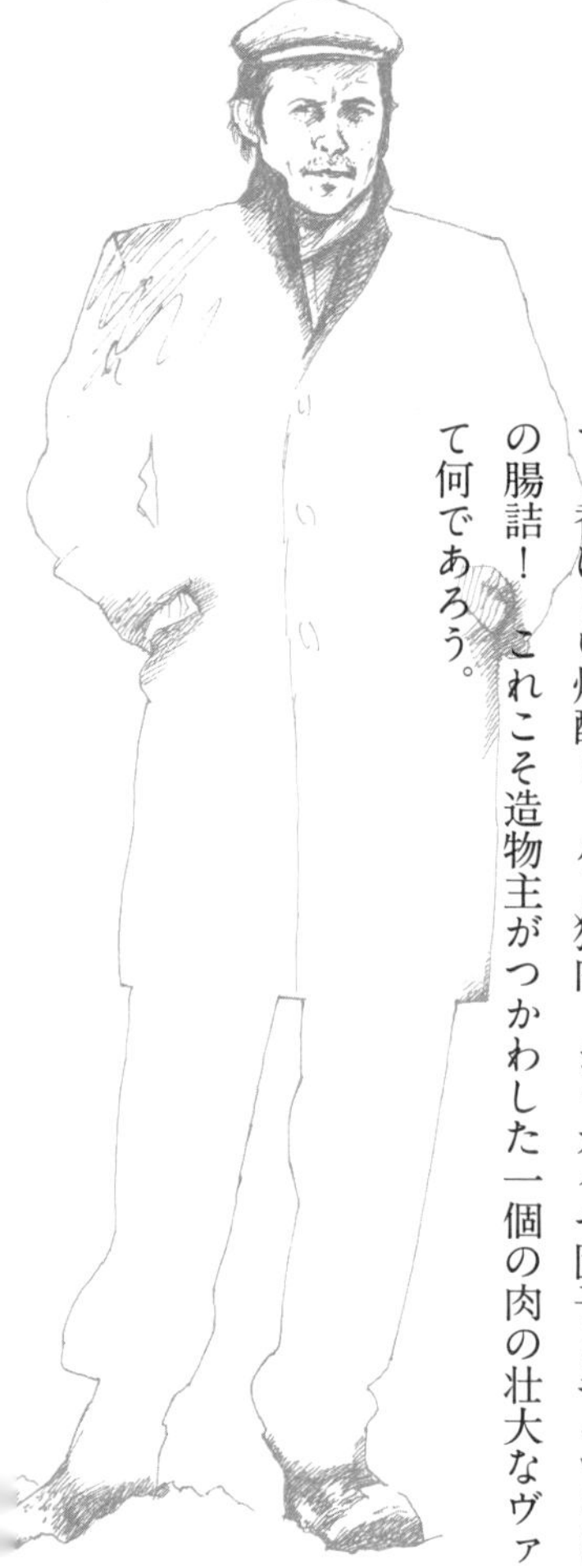

グレン・グールド
(1932-1982)

ヨハン・セバスチャン・バッハ

Johann Sebastian Bach　1685-1750

ヨハン・セバスチャン・バッハは最初の妻との間に七人、再婚して更に十三人の子どもをつくった。さぞ家庭はにぎやかなことだったろう。

彼は青年時代から壮健な男であった。くよくよするたちでなく、思い立ったら実行に移した。アルンシュタットのオルガン奏者だったとき、リューベックの名人の評判を知ると休みをとって聞きに出掛けた。中部ドイツから北海の港町までは大変な道のりだが、彼は歩いていったらしい。四週間の休暇を四倍以上も延ばしたので、アルンシュタットではミサも結婚式もオルガン抜きになってしまった。普段の演奏も奔放すぎて非難され続けだったが、職を解かれたときは彼の方から出ていくという勢いで、これも心身壮健な証拠である。彼は長い道のりを勢いよく歩きながら作曲をしたことだろう。小川《バッハ》が歌いながら流れるように。

生れ故郷アイゼナッハもチューリンゲンきっての健康地で、タンホイザーで名高い中世歌合戦のワルトブルク城を望む、町じゅうが森林浴をしているようなところである。ここでは誰もがバッハの健康にあやかれそうな気がしてきて食欲も進む。森の中にひらけた花咲く牧場を望む料亭で、香ばしい煙醸《かもし》ビールと猪肉《ししにく》、ジャガイモ団子とキュウリもみ。そしてあの千を超すさまざまの腸詰！　これこそ造物主がつかわした一個の肉の壮大なヴァリエーション、創造の試みでなくて何であろう。

ゴールドベルク讃歌

この星をあやうく包む絹の大気の静けさのうちに
初めての水のひとしずくのように音が生まれる
日々のまどろみを破って太陽がのぼる
忘れられた生きものの化石を秘めた遠い地平から

何ひとつ思い出す必要はない
何ひとつ夢見る必要もない
音は故知らぬかなたからの光の波　光の粒
それがあなたに新しい朝をもたらす

どんな時代の荒れ地にも芽吹く名もない草花
その種子はすでに用意されていた

せめぎあう人間の歴史をさかのぼり
見ることも聞くこともできない宇宙の沈黙のうちに

そこから一人の子どもが歩き始める
音の階段をのぼり音の噴水に足をひたし
子どもは聞きとる　哀しみという言葉以前の哀しみを
人々の行き交う町角のざわめきの中に

音に洗われてよみがえる耳　音に目覚めて見はられる眼
音をたどり音に迷い音と戯れ音に導かれ
子どもは見る　歓びという言葉以上の歓びを
青空の高みを目指して伸び上がる木々の梢に

ゆらめく音の寺院にかくされたもどかしい宝もの
幾重にも重なり合う感情の深いみなもと
誰も気づかぬうちに成就した太古からの予言
あらゆる疑問符を上書きしてしまう感嘆符

あらがう声　讃える声　なげく声　祈る声
からみあいもつれあう声が織りなすいくつもの文様
子どもは知る　混沌のうちにひそむ秩序を
ただひとつのおのが魂を限りなく豊かに変奏することを

苦しみと不安の闇のあわいにひとつの音が輝き始める
音は音をいざない音を呼び音と連なり
やがてあてどない時空の胸をきらめく首飾りで飾る
いまあなたはすべてを思い出し　すべてを夢見るだろう

至福

木の床
惜しげもなく差しこんでくる朝陽
粗末な椅子
座っている半裸の若い男
そしてチェロ
繰り返し練習されるバッハ
誰も見ていない
誰も聞いていない
いつか日々に紛れてしまう
ひとつの情景
だがそれは私たち人間に恵まれた
もっとも美しいひととき

私たちはそこから始めることが出来る
そこで終わることすら出来る

窓の向こうは深い森
空を指さす枝
地中をはい進む根
ひそかに生きているものたち
音楽は大気となって
胞衣《えな》のようにこの星を包む

エリック・サティ

Érik Alfred Leslie Satie 1866-1925

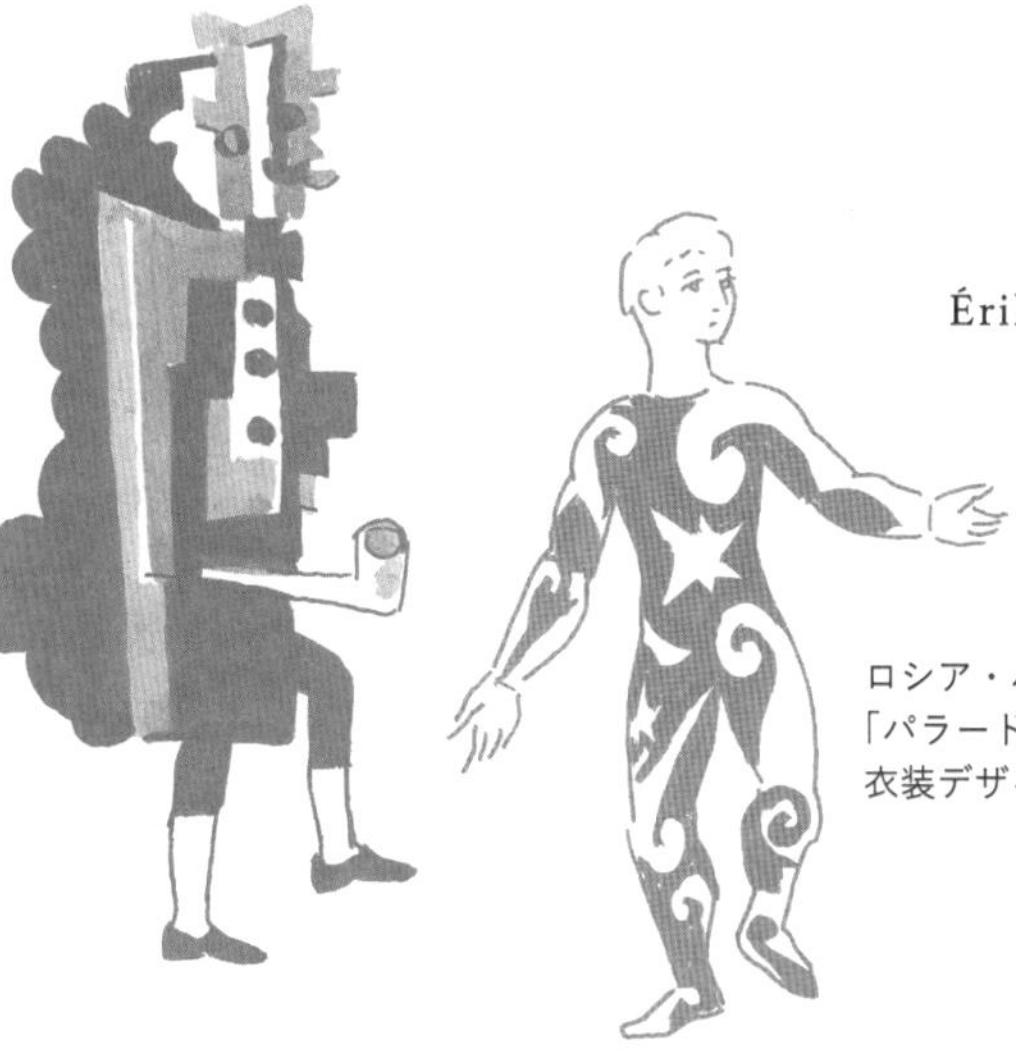

ロシア・バレエ団
「パラード」のピカソによる
衣装デザイン画から（1917 年）

エリック・サティの生地オンフルールの港

サティ風の気晴らし

梨の形をした果実が
梨の意味をした言葉をまとっている
梨の形になりたがっている音楽が
本物の梨に叱られている

＊

第百八サティアンにいる鸚鵡に
憲法第九条を口移しで教えているサティ
上空をドローンが旋回していると
幼稚園児たちが騒いでいる

＊

ジョンはピアノを弾かずに微笑んだ
気むずかしいしゃれ者のエリックは
鼻メガネをかけて一分四秒弾き終えてしかめ面

＊

食卓と桃がきざむリズム
リズムと指が口ずさむメロディ
メロディと食卓が縺《もつ》れるハーモニー
というような関係をサティは夢想していた
のではないかしらとその小学三年の女の子は言う

＊

〈愉快だね　エリック！〉とラモーが言ったのは
事実ではないかもしれないが真実でしょう
現実はいつも不実なものです

＊

禍々《まがまが》しい水が引いたあとにぽつんと残った
一台のアップライトピアノ
恐怖が〈不愉快な感じ〉に退行するまでに
赤ん坊は髭を生やした中年男になっていることだろう

＊

よろい戸から月の光が洩れている
海老たちが海へと跳ねて行く
コーダなしで終わろうと地球は考えている

セルゲイ・プロコフィエフ

Сергей Сергеевич Прокофьев 1891-1953

1914 プロコフィエフ23歳、ルービンシュタイン賞を得て音楽院を卒業した褒美のロンドン旅行。そこでロシア・バレエ団の『春の祭典』公演を見、早速ディアギレフに会い、依頼されたバレエ曲『アラとロリー』を仕上げるが、ディアギレフは続けてスキャンダルを起すのを避け、上演はされない。第一次世界大戦起る。

1915 パリで再びロシア・バレエ団のために『道化師』の作曲にとりかかる。この原案はアファナーシェフの『ロシア民話集』の中の『いたずら者』で、ストラヴィンスキーがプロコフィエフのために選んだ。彼自身もこの本から『火の鳥』の題材を得ている。風刺的な題材がいいだろうと考えたストラヴィンスキーは大変な目ききであった。

戦争でパリ公演はとだえがちになる。この年はジュネーブでのR・コルサコフ曲『真夜中の太陽』一本だけ。装置はモスクワの街頭で自分の顔に絵を描いて歩いていた画学生ラリオノフのデビュー。『道化師』の楽曲は何度も修正が行われる。ひとまずロシアへ帰国。

1917 ロシア二月・十月革命。

1918 許可を得て国外へ、シベリア経由、6～8月日本に滞在してピアノ演奏会。日本・シベリア出兵。参戦したアメリカへ渡る。11月世界大戦終結。

1919～20 ロシア時代から腹案の第3ピアノ協奏曲、バレエ『三つのオレンジへの恋』シカゴで成功。ロシア・バレエ団再開のパリへ向う。

1921 『道化師』ゲテ・リリック座で初演。好評を博す。手がけてから六年ぶりだった。装置は旧知のラリオノフが担当。

1929 23年からパリに住む。『放蕩児』(装置G・ルオー)はロシア・バレエ団最後の公演、ある時代の終りを飾る記念碑的傑作となった。8月ディアギレフはヴェネツィアで永眠。

1932 ソヴィエトへ帰国。

プロコフィエフの年代記はあわただしい昂奮の

ラリオノフによる「道化師」の
舞台美術（1921 年）から

連続である。モダニズム逆巻く西欧から彼が放蕩児のように帰国した年に、僕は生れている。子どもの頃、父のアトリエでロシア・バレエ団の舞台デザインの複製を見たことがある。廿歳《はたち》の時、ヨーゼフ・シゲティの演奏会が日比谷公会堂であり、ブラームスの協奏曲のあと、シゲティは旧友プロコフィエフの死去したことを告げ、彼の第2ヴァイオリン協奏曲の第二楽章を弾いた。白熱的な演奏だった。

プロコフィエフ
左はアンリ・マティスのデッサン
（1921年）から

ロシア・バレエ団による「キキーモラ」とプロコフィエフ。
装置・衣装デザインはラリオノフ

行進

――プロコフィエフ マーチ

適当にデフォルメされた行進が
皮肉を太鼓に装塡し
白昼《まひる》の街をタップで歩く

おお現代のメカニズム
おお現代のメランコリー
おお現代のディスタンス
おお現代のディスペアー

適当にデフォルメされた行進が
期待を胸の内ポケットに秘め

白昼の街に歩調をとる

おお現代のノスタルジア
おお現代のペーソス
おお現代のホモサピエンス

1950.3.19

フェリックス・メンデルスゾーン

Felix Mendelssohn 1809-1847

バッハの死後八十四年の一八三四年、ユダヤ系銀行の御曹司で、プロテスタントに改宗して牧師の娘と結婚したフェリックス・メンデルスゾーンがライプツィヒのゲヴァントハウス管弦楽団の指揮者に就任した。

今でこそ、この楽団は市民楽団の先駆として、またウィーンやベルリンと並ぶ最高の名声を誇っているが、彼が就任した頃は、音楽家の社会的地位も低く、団員はロクに勉強しない寄せ集めだった。育ちのいい彼もつい金切り声をあげて腕のない楽員を怒鳴りつけ、何度もスコアを破り捨ててやめようと思った。

それでも病弱の身をがんばって、楽員の生活保障制度をととのえたりの面倒を果しながら楽団の質を高めていった。ベルリンで作曲家として、教養ある社交人として安逸に暮らせるのを捨ててライプツィヒに留まっているにはひとつの目的があった。それはこの町のどこかにうずもれたバッハの楽譜を探し出すことだ。

フェリックスは九歳でピアノ公開演奏会を親の七光もあったが開いた。でも本当の音楽の天才だった。幼い頃から作曲を始め、家でかかえている管弦楽団に演奏させ、十六歳の時に、あの素敵な八重奏曲を書いた。一八三〇年スコットランドに旅行して絵も上手な彼しか書けない描写音楽、たとえようもなくロマンチックな『フィンガルの洞窟』を絵葉書を出すように姉ファニーに送って「全部書き込んだつもりだけど、魚油とタラの匂いが足りないネ」と付け加える。ワイマールではラテン語や自然科学や文学の教養ある少年音楽家はゲーテのお眼鏡にかなう。七十歳のゲーテがポーランドの女流ピアニストをフンメル以上と誉めるのを「ピアノは下手くそだけど顔がきれいだからだろう」とマセたことを言ったりした。

青春時代の彼は肌にぴったりしたクリーム色のズボンに茶のブーツをはき、グレーの上着を着た乗馬姿が美しかった。水泳も得意のスポーツマンで、チェスやビリヤードも玄人《くろうと》はだし……幸福な。愛においても彼は王者のごとく豊かだ、改宗までして一緒になった妻を愛し、家族を愛し、シューマンやショパンと心からの友情を深めた。

その彼も、しのびよる早すぎる死を予感しなければならなかった。人はこのもう一人のモーツアルトを、深い音楽を生むには幸せすぎたと非難するが、憂愁を帯びた『ヴァイオリン協奏曲ホ短調』のアンダンテに深みが足りないなんてことはない。すべてを主にゆだねようとする祈り、それはバッハの近くにいる。

バッハの作品が刊行され再び日の目を見たのは一八五〇年代、ロマンチシズムの時代に技法ではクラシックの厳格さを持っていたメンデルスゾーンの努力が受け継がれたのだった。

ロートレックの伝記『赤い風車』を書いたピエール・ラ・ミュールの小説『メンデルスゾーン』では、ライプツィヒの下町の肉屋で、肉を包んでくれた紙が手書きの譜なのにハッとしたメンデルスゾーンがもしや？と思って見ると彼には見まがうことなきバッハの筆跡だった！肉屋の亭主にこれと同じのがあるかと息せききって聞くと、屋根裏にジャマな紙がワンサとあって片付けようと思ってたとこだという。それが音楽の最高峰のひとつであり、バッハの深い祈りが力強く吐露された幻の大作『マタイ受難曲』の総譜であった。

メンデルスゾーンは曲の復活公演の練習を始めるが、さまざまな障害が起る。当時は宗教上の論議でマタイ伝を受難曲に用いなかったし、指揮者が改宗したユダヤ人であることを非難する人たちもいた。小説ではマグダレーナ役の歌手の殉教的な死が人々の気持ちを動かして上演

が成功する。
できすぎた筋書き《フィクション》の通俗性はさておき、彼が実現に短い生の最後の力をふりしぼって疲労しただろうことは分った。『マタイ受難曲』は一八二九年にベルリンで復活上演され、メンデルスゾーンは一八四七年に三十八歳で幸福だった生を終える。
ライプツィヒ音楽院を設立したのもメンデルスゾーンだった。そこで彼はシューマンと共にピアノを教えた。彼の像がここに建てられたがナチスの時代にユダヤ系の理由で取り壊され、今もない。それにバッハの住んだ家も、ワグナーの生れた家も第二次世界大戦の空襲で消えてしまった。

（『堀内誠一の空とぶ絨緞』より一部修正のうえ再録）

バッハ青年期の肖像

アイゼナッハのバッハ記念像

数小節

その数小節が心の道案内となった
行ったことのない異国の高原へ
やすやすと歩み入り
羊たちの柔らかい背中を撫で
見上げる雪山の稜線をたどって行くと
せめぎ合う未来の物語が見えた

始まりの旋律にすでに
終わりの和音がひそんでいるのを
少年は聞き取っていた
音楽は僕の愛を導いてくれるのか
それとももっと素晴らしい地平を暗示するのか

何かが崩れ去るようなアルペジオ

音楽が終わった後の静けさに
〈今ここ〉の音が聞こえてしまうことに
少年は安心しながらも苛立つ
机上のディスプレーに映る愛らしい地球
耳には聞こえない宇宙の無音
膝に乗ってきた猫の微かな鳴き声

エンリケ・グラナドス

Enrique Granados y Campiña 1867-1916

ピアノに殆んどさわったこともないくせにグラナドスのスペイン舞曲12番アラベスカを弾きたくなる。ムーア風の節の、どこからかの反響。心はアンダルシアにとんでいる。

スペインに惹かれるのは、すべてが絵画的だからだが、それは音楽付きだ。

民謡は貧しい土地に咲く花という。貧しいとは何を指すかは別として、ディアギレフがバレエ曲を頼みにアルハンブラ宮殿のすぐ近くに住んでいたファリャを訪ねたとき、裁判所の入口で盲人が歌っていた曲を採り入れるように言った話は面白い。ファリャはそれを『三角帽子』の第二幕の夜の主題に、てっきりアンダルシア民謡だと思って使った。ところが数年後、マドリッドで上演した初日の夜。ファリャの親友のピペスが、よくぞ自分の曲を有名にしてくれたと抱擁しにやってきたという。シューベルトの時代が二十世紀のスペインでは続いているのである。アルベニスの曲はちょいと困難でも、グラナドスの舞曲は楽譜もいらない酒場の弾き手が聞き覚えでやっていそうな気がする。アモンティリャードをもう一杯。

名前がグラナダに近いからアンダルシアの人かと思ったら、グラナドスはカタロニア人だった。そういえば目がそうで、カタルーニャ・ロマネスクのキリストや天使の目だ。またはダリのような子どもの恍惚の目。真紅や緑のピーマンが黄金《きん》色のサフランにからみあうパエリアの煮えるのを見ている目。ゴヤの雅《みやび》を反芻しつづける人の。

英仏海峡を渡るとき思い出す。一人の天才がドイツ潜水艦の無差別攻撃でこの不透明な色をした水底に沈んでしまったことを。

ギター

いつからそれがそこにあったのか
そこにあるのが当たり前のようになっていて
誰もそれに目をとめなくなっていた
買った覚えはない
誰かにもらった覚えもない
友だちが忘れていったものかもしれないが
それが誰だったか見当もつかない

それがそこにあることに気がついたのは一昨日のことで
それからずっとそれがあることが気になっている
手にとって弦をはじいてみると音がする
明らかに自然の音ではない人間がたてる音だ

私が弾いたその小さな一音がすでに
音楽のプライドを主張しているような気がした
放っておいたのを申し訳ないと思った

ギターの曲を聴きたくなってウェブで探した
題名に引かれてグラナドスの「詩的なワルツ」を聴いた
聴いているうちに夕闇が降りてきた

ベラ・バルトーク

Bartók Béla Viktor János 1881-1945

バルトークがコダーイと録音機をかついでハンガリー農民音楽を採集した地域は、スロヴァキアやルーマニアに及んでいる。そこもかつてのハンガリー帝国の版図《はんと》だったからで、外国に住むことになった今も、マジャール人たちは独特の風習を守って暮らしている。

人々がふだん、民族衣裳を着ているというのは東欧でも珍しくなったが、ルーマニアのトランシルヴァニア地方マジャールの村の日曜は、まるでシューベルトがエステルハージ家の音楽教師をしていた頃……つまりウィリー・フォルストの映画『未完成交響楽』の舞台に迷い込んだようで、刺繍ずくめの晴れ着にブーツをはいた娘たちが教会で歌い、結婚式のダンスをしている。もっともブーツはこのあたりのぬかるみ道の必需品だけれど。

その村の農家でお昼をごちそうになる。さっきまで地面を歩いていたニワトリの足が出た。味は極上だがトリ自体が小さいので一本だけじゃもの足りない。これで農作業はキツイなあと思っていたら、案の定、おやつに豚の脂身をナイフで分厚くちぎっては、トカイワインをやっているのだ。所望して口にすると、塩味と脂の甘みがなんともいえない。ニューヨークに亡命したバルトークが、家政婦の出した食事を見て「こんなペラペラのがベーコンだって！」と叫んだ理由がわかった。

彼のもともと鋭い自然に対する感性は故郷と切離されて必死なまでになった。療養に行ったヴァーモントで、戸外の林に、木から降りられなくなっていた猫の気配を感知したし、マンハッタンを歩いていて突然「馬が近くにいる」と言って祖国を想った。一緒にいた人たちは何も感じなかったが、ワンブロック行ったら騎馬警官の学校があったという。僕も偶然にそこを通った。エンパイヤステートビルの割と近く。

アンダンテ

旋律が途方に暮れて立ち止まると
祖父母の代から伝わる
民謡のひとふしが含み笑いしながら
優しくお尻を叩く
川岸で木々が風と遊んでいる

子どものいのちは
未来のピアノを先取りして
喧嘩しながら踊っている
いつの間にか旋律は
仔牛と一緒に走り出す

山麓の小国のビルの一室では
引退した会長が医者のすすめで
ピアノの初歩を始めている
バルトークの FOR CHILDREN
窓からの陽光の新しさ私はもう更なる音楽に渇き始めていた

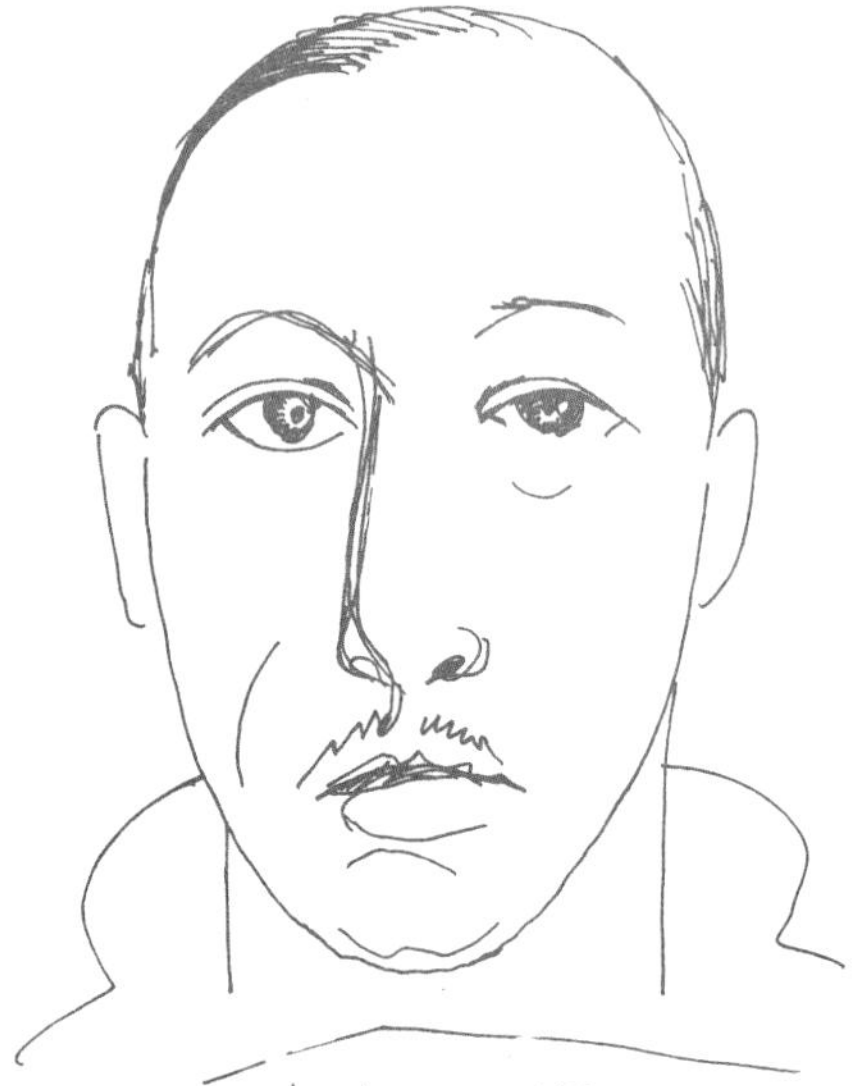

stravinsky en 1922

イーゴリ・ストラヴィンスキー

Игорь Фёдорович Страви́нский 1882-1971

Nijinsky dans Pétrouchka 1911

à London 1921,

PÉTROUCHKA

兵士の物語

兵士はひとり歩いて行く
壊れた銃を杖にして
敵も味方も散りぢりになって
遠くの海ばかりが美しい
勝ったのはあっちか
負けたのはこっちか
それさえ最早定かではない
ただ自分は血を流して
草の上で仰向けになっていた
その隣に自分とそっくりの敵兵が
草の上でうつ伏せになっていた

国家という仕組みは
堅固のようでいて

実は滑稽なほど脆い

サーカスにいた頃は
戦う必要がなかった
太鼓叩いて笛吹いて
気に入った娘にふられて
綱渡りの高みから落ちて
網の上で弾んで
仲間と酒を飲みに行った
何もかも思い出になりかねない
まだ今を生きる年齢なのに
派手な戦争に誘惑されて
地味な平和を捨ててしまった

生きて帰ったのが本当にめでたいのか
妻は去っていた
家は焼け落ちていた

フランツ・リスト

Franz Liszt 1811-1886

鐘の音

墓地へとゆっくり歩む老婆たち
小声で話しながら追い越してゆく少女ら
青空の一隅で人知れず形を変える雲
ともすれば世界を統《す》べようとする沈黙…

触れるともなく指が触れると音が生まれる
一つまた一つ遠慮がちに耳に向かって
どこからともなく落ちてくる音のしずくが
やがてせせらぎになって愛を囁く

さやぐ草木を真似て
朝晩の鳥たちの囀《さえず》りに憧れて

音を自分たちに引き寄せてヒトは
いつからおずおずと音楽を始めたのか

終わろうとして晩年のリストは
音楽のつつましい始まりに帰っていった
神を呼び戻そうとする姦《かしま》しい鐘の音に
半分耳をふさいで

ピョートル・チャイコフスキー

Пётр Ильич Чайковский　1840-1893

秋

——チャイコフスキー　ヴァイオリン・コンチェルト・カンツォネッタ

このうすぺらの黒円板《こくえんばん》に
秋の街路をふく風の
それは高雅な結晶体が
あまりにかなしく眠ろうとは

このうすぺらの黒円板に
落葉を木靴のうらにふみ
つかれて暗い詩人がひとり
わびしくわびしくうたおうとは

このうすぺらの黒円板に

また灰色の午後の空気の
おもくて寒い沈殿物が
ほんとにさびしく沈もうとは

このうすぺらの黒円板に
典雅な落葉が散りしいて
私はひとりその音をきく

1950.1.11

ヴォルフガング・アマデウス・モーツァルト 2

Wolfgang Amadeus Mozart 1756-1791

ドイツは夏に入った時で麦の緑がウソのように鮮やかに視界を染めていた。一日種まきの日が違うと色が違うというわけか、ブロックごとに微妙に違う。パウル・クレーに緑のトーンだけでパターンを描いてみたまえと題を出されたような気持ちで、つまり見事な抽象絵画の中を僕は走っていたのだった。

スピードのなかで音楽を聴くのはこころよい。こういう時はジャズやシャンソンじゃなくてクラシック音楽がいい。フランスとかオーストリアの空は晴れ渡っている時でも日本晴れのようにアッケラカンとしていなくて、どこか雲が動いている。暑いくらいだったのが、たちまち暗くなって雹《ひょう》が降ってきたりする。それでまた向こうの方に青空が見えてくる。モーツァルトの音楽の転調、かげったかと思うとまた必ず明るさをとりもどす自然の軌跡。

モーツァルトは旅芸人みたいに子どもの頃から、おおげさにいえば人生の半分を馬車に乗って過ごしたくらい旅行した。でも窓から走る景色を見ているのは嫌いじゃなかったろう。いまベルリンからドレスデンに向かう我々のツアーのバスと並んで走っている遠足の子たちを乗せたバスの窓にオデコを押し付けて恍惚としている子がモーツァルトに似ていたのでそう思う。

(『堀内誠一の空とぶ絨緞』より一部修正のうえ再録)

魂に触れる

軽いやわらかい毛布の下に
恋人のあたたかいからだがあって
ふたりは手をつないで仰向けに横たわっている
ふたりの目は白い天井に向けられていて
どこにも焦点をむすんでいない
モーツァルトのケッヘル六二二のクラリネット協奏曲
第二楽章アダージョが聞こえている初秋の午後
若い彼らは完璧な幸せがもたらす悲しみに
それと気づかずに浸っている

「昨日またサリエリに会ったよ」と男が言う
「何度見たら気がすむの《アマデウス》?」女が言う

「史実はどうあれあんなにモーツァルトを愛した男はいないね
嫉妬も憎しみも殺意もみんな愛から生まれている」
クラリネットが子どものように駆け上がり駆け下りる
「こんな美しい音楽がどうしてそんな醜い感情を生むのかしら」
答えずに女の横顔を見つめて男は思う
〈音楽はすべてを肯定する　日本語では「悲しい」は「愛しい」
「どうしようもなく切なくいとしい」と古語辞典は定義している〉

……ずっと後になってもう若くない女はその日のことを思い出す
あのひとの目の縁から涙がつうっと頬に伝わった
どうして泣くのとわたしは訊かなかった
その涙があまりにも美しく思えたから
モーツァルトがくれた涙　モーツァルトがくれた世界
そこにとどまることは彼自身にさえ不可能だったが
あの日わたしは見えない魂に触れた
あのひとのそしてわたしのそしてモーツァルトの魂
その記憶がいまも私を生かしてくれる　あのひとを失ったいまも

つまりきみは

モーツァルトの音楽を信じすぎてはいけない
なにかにつけてきみはそう言った
酒に酔って言ったこともあるしらふで言ったこともある
だがぼくにはその意味が分からなかった
ついこの間まで

つまりきみはこう言ってたんだ
天国には死ななきゃ行けないんだぜって
かと言ってきみがこの世を地獄だと考えていたのではないことは確かだが
何年か前モーツァルトを聴きながら車を運転して
涙で前が見えなくなって危なかったことが何度かあった

もうぼくは人の言葉は聞きたくなかったんだそのころ
特にあの女の言うことは

モーツァルトは許してくれた
少なくともテープが回ってる間は
だがあの女は一瞬たりともぼくを許さなかった
当然だ

きみはもしかするとモーツァルトから逃れたくて
あんなに酒を飲んだのかもしれない
死ねばもうなんの悔いもなく
モーツァルトを愛せると知っていて

バッハの音楽と生涯

インドでは農作物がよく育つように畑に音楽を流しているという。植物の喜ぶ曲はどんなのか知らないが、インド音楽は確かに聞いているうちに榕樹《ようじゅ》にでもなってしまいそう。

人間も音楽を聞いてた方が、脳の活動にいい。耳は心臓の音を聞かないが、脳に血はリズミックに送られてくる。人は音楽の中に生きている。テープを流しっぱなしで勉強するのは正解なわけ。単旋律だと音を追ってしまうから、ポリフォニックなバロック音楽の方がよくて、早めのテンポで生気に満ちたのがいい。バッハの曲が脳の両半球を使った創造活動にいちばんと科学的に証明されている。

バッハの音楽に心地よさとくつろぎ、疲れをいやす静けさ、悩みを聞いてくれたような慰め、澄んだ気分、力と勇気、生きる喜びを感じない人はいない。その秩序、宇宙のような豊かさを知った時、バッハほど偉大な人はいないと思う。あらゆる芸術を通じてこれほどの成果はないと。

作曲家ロラン・マニュエルはフランス放送の音楽史講座でバッハの音楽を「日々のパン」にたとえ、いまさら誉めるのは、余計な、気まずい感じがすると言い、対談者のピアニスト、ナディア・タグリーヌも「両親が好きかって聞かれた子みたいに困ってしまう」と応えていた。

J・S・バッハはルイ十四世によってナントの勅令が廃止されてプロテスタントたちがドイツに亡命

を始める一六八五年に、宗教改革者ルターゆかりのアイゼナッハに生れた。

バッハ一族は十六世紀末の音楽を職とする者の多い家系で、父は町のヴァイオリン弾き、母はエルフルトの毛皮商の娘で、ふたりには八人の子があった。J・Sは末っ子で、幼い時から音楽好き、情熱的な勉強家だった。ルターが学んだのと同じ神学校で聖歌隊員をしたが、音楽の専門教育を受けたことはなく、どこでもいつでも学ぶ式の少年だった。

九歳の時母が死に、一年たたずして父もあとを追う。J・Sはオルドルフでオルガニストの地位にいた長兄に引き取られ官立学校に入れられた。夜が音楽の時だった。月光のもとで兄の楽譜を写し（当時は親族同士でも職を争うから、教えてなんかくれなかった）、作曲を始める。

J・Sは十五歳で自活を志す。三〇〇キロ離れたリューネブルクのミハエリス教会の少年合唱団に入って稼ぐ、ここのブラウンシュヴァイク・リューネブルク公のもとにはフランスから亡命してきたクラヴシニストたちがいて、リュリーやクープランなどのフランス音楽と少年は早く接触できた。新しもの好き熱中少年は評判のオルガニスト、ラインケンの演奏を聞きたかったりすると、途方もない距離のハンブルクまで歩いて出かけていった。

ベートーヴェンが歩きながら作曲したのは有名だ。興奮すると大声をあげて牧場に突っ込んだりしたので、牛の乳の出が悪くなると文句が出た。J・Sはその名の通り小川《バッハ》が機嫌よく流れるような調子で、足早に歩きながら作曲したことだろう。

オルガニストの職を得た後でもリューベックまで演奏を聞きに四〇〇キロの道を歩き出し、三カ月も教会を無断欠勤したのでクビになりかける。ブクステフーデというオルガニストの名前もバッハが歩いたことで後世に残る。

十八歳、ワイマール公の宮廷にヴァイオリニストとして召される。その年、婚約する。いいことが重なって、新しく建ったアルンシュタットの教会オルガニストの地位を得た。

宗教改革は聖書を普及し、それを讃え、信仰を表現する教会音楽が盛んになりオルガンが備えつけられ、オルガニストは音楽における司祭長だ。J・Sはたまりにたまった自作を好きなだけ演奏できる。信者たちは演奏技術に感心すると同時に曲に驚いた。長老会は奇妙な和音を弾いたとか、曲が長すぎるなど文句を出した。J・Sは極端に短いのを演奏して今度は短すぎると叱られた。

自信があふれているから気も強い。合奏で下手な者に容赦なかった。牡山羊のような音だとののしられたファゴット奏者と取っ組み合いになり楽聖がひっくり返されたこともある。三カ月無断欠勤事件もアルンシュタットでのことで、未婚の娘を神聖な教会の演奏壇に引き込んだことを非難されたり（婚約者のマリア・バルバラだろうということになっている）、あれやこ

右下　バッハの子ら
（左から）長男ヴィルヘルム・フリーデン・バッハ／次男カール・フィリップ・エマヌエル・バッハ／末子ヨハン・クリスチャン・バッハ

ヴァルトブルク城

れやで自ら職をやめ、またワイマール公のもとにもどり、宮廷を風靡していたイタリア音楽、ヴィヴァルディの協奏曲を編曲したりしたが宮廷生活が務まるわけがなく、一七一七年一一月六日J・Sは留置所に入れられた。理由は「力ずくで辞職願いを出させるため」で、その後一二月二日釈放される。

注文より自分の楽しみで作曲する機会が訪れたのは音楽好きの領主レオポルト侯が彼をケーテンに招いた時で、初めの妻を失ったが優れた歌手のアンナ・マグダレーナと再婚し、生涯で最も幸せな六年間となる。『クラヴィーア小曲集』は妻のために書かれたし、妻も譜の清書を手伝った。器楽曲の大部分、『ブランデンブルク協奏曲』の一群が生れた。その生活に終止符が打たれたのは、J・Sがアムーサと渾名《あだな》をつけた美神《ムーサ》とは全く正反対のケチな女性と侯が再婚したからだった。

失業したバッハは倹約家《しまりや》になる。子どもが多いから無理もない（生涯に二十人の子）。今年は気候が良すぎて葬式が少ないと嘆いた、結婚式や葬式の音楽を書くのが副収入だったから。

ライプツィヒの聖トーマス教会のオルガニストの席が空いたのでJ・Sは立候補する。テレマンの方が有力候補にみえたが、合唱長が子供たちにラテン語も教えられる人間がいいということで神学校で教養をつんだバッハに決まる。

バッハはその後、フリードリッヒ大王の招きでプロシア宮廷に滞在したほかは終生ライプツィヒを離れず、職務を忠実に務め、無数の宗教音楽を作り演奏する。晩年は視力を失い、『汝が王座に進まん』という題のコラールを口述したあと、一七五〇年七月二八日、六十五歳の生を閉じた。腕一本で一家を支え、職務に倒れた良き職人の一生のように。

その音楽はどんな新しいことを始めたかで評価する近代の芸術観とは違って、バッハは先駆者ではなく、七〜八世紀にわたって複雑な中世の理論のもとに発展してきた多声法を人間の頭脳の限界を超えたところまで完成させ、更にフランス宮廷音楽の雅《みやび》とイタリア単声様式の官能性を吸収して、バロック音楽のすべてを総合した。天才は謙遜して言う「私のように勉強すれば、誰だって私のしたこと位はできる」と。

バッハはドイツから一歩も出ず、同時代のヘンデル（四週間前に生れる）がイタリア留学をし、最も安定したパトロンであるイギリスで名声を晩年までほしいままにしたのに較べて、国内でも忘れられた。彼の曲は世間から古臭く思われ、メロディックな単旋律の作品が分りやすいと喜ばれる時代になっていた。息子たちの名の方がヨーロッパ中に知られ、〝ロンドンのバッハ〟と呼ばれるクリスチャンはヘンデルの人気を受け継ぐ。

バッハの楽譜は一度きりの演奏でどこかにしまい込まれ忘れられた。毎日曜日と祭日のためのカンタータが五年分、五曲の受難《パッション》曲、数曲のミサ、数曲のオラトリオ、数えきれないオルガンとクラヴサンの器楽曲、プレリュードとフーガ、幻想曲《ファンタジー》、序曲、協奏曲、トッカータ、パッサカリア、組曲、パルティータ、ソナタ、……それらはバッハの死んだ時、刊行されていなかった！

バッハの伝記に波瀾万丈の物語はなく、その人柄も肖像画も正確なものは伝わっていない。ただ彼の音楽だけがある。音楽の伝記の劇的《ドラマチック》な部分はのちの時代に始まる。

（『堀内誠一の空とぶ絨緞』より一部修正のうえ再録）

納屋の中の音楽祭

ロワールの谷の中心、いちばん美しいフランス語が話されるというトゥールで、夏になると郊外にある昔の大きな納屋を会場に音楽祭がある。リヒテルが演《や》るというので人気だ。

　音楽祭の切符の入手はいつも泥縄式で、今年も手遅れとあきらめていたら、いつもヤマハを使うリヒテルを取材に来た人たちで知っている人がいて、もしかしたら席があるかもというので早速でかける。納屋の外でも音がもれてくるだろうしという気持だったが、実はそんなチャチな納屋じゃなかった。

　開演八時半で、パリに帰れないからまずホテルの確保、幸い電話で当った安いホテルがあいていた。

トゥール音楽祭の会場　Grange de Meslay

「八時までに来なかったらほかの人に貸します。今夜はトゥール中のホテルが満員ですからね」

そこまでは良かったのにオーステルリッツの駅に二時頃行ったら日曜でトゥール行きの便は午後五時まで出ない。トゥールまでは二時間半、着くやいなやホテルに駆けつけてチ

Les ORGUES de la Cathédrale St. Gatien TOURS

PLACE PLUMEREAU TOURS

Cathédrale St. Gatien TOURS

エック・インする。ここのフランス語が美しいのかどうか分らなかったが、Hôtel Châteaudun のマダムは実にテキパキと無駄口なく能率的にコトを処理してくれる。

部屋の鍵と、建物に入る鍵と、朝食はクロワッサンが付くのと付かないのとどっちにするか（3フラン違う）、部屋に運ぶのは何時にするか（食堂がないから）の確認、会場へのバスサーヴィスのあることなど……。会場へ電話して「日本の人」を呼んでもらう、相手は親切に探してくれて目当ての人が電話に出る。席はあいてなかった、でもキャンセルがあるかもしれないから当ってみてください！の無鉄砲なお願いをして駅へ。バスはもう出たあとだったのでタクシーに並ぶ。半分以上あきらめつつ会場に着いたら、開演は三十分遅れて、しかも切符がMさんの手に握られていた。ブラボー！　ちょうど開演のベルが鳴る。何と運がいいんでしょ！

★

この日に発表されたリヒテルの演目はベートーヴェンのソナタ op.10 の2と op.31 の2、それにシューマンのファンタジー op.17。渋いけれどいずれもリヒテルの得意曲。

納屋の中、床は土、背丈近くもある石の土台の上に太い角材の柱が高い天井を整然とした木組で支えている。荒々しい聖堂といった感じ、ピアノの上部にベニヤ板の屋根を渡した舞台に大きな身体のリヒテルが現れる。簡単におじぎをしてピアノに身体ごとぶつかるようにして初めの音が鳴る。

岩清水のようにミネラルに輝く音の粒、音が空間を結晶化して積み重ねていくような音楽、そしてテンペストの終楽章は、それを風が吹き払うようだった。

★

あとで娘の音楽の先生が、あの音楽祭はスノッブの集まりだとケチを付けたそうだが、フランス人の咳払いの多いのは僕もかなわない。リズムが調子良いときは咳き込まないくせに、次の音以外、絶対聞こえてはならないときに始める。他人の咳を笑って（それもウルサイ）いた奴が次は自分が始める。「セ・ジョリー」なんていちいち口に出して言わなくてもいい！

客に年寄りが多いせいもあるが、公園の音楽堂をもっと盛んにして、そちらへ行ってもらうべき人たちだ、音楽がマッサージと同じ人たちなんだから。モーツァルトが手紙でパリのお客のことを最低と言っていたのを思い出す。

★

しかし、この納屋は立派だな。なぜか自分が使用人になって働いている場合を想像してしまう。民話で三年寝太郎みたいな男の子が奉公に入って、終りは主人を見事やっつける舞台はこんな農場なんだろうなと思う。これは修道院の納屋で、修道院といったって一種の城で、革命前まで十分の一税を周りの百姓から取り立てて農作物を納めさせた建物だ。城壁でかこまれた敷地内に、ベルグソンが所有した館だとか、バルザックが住み、アナトール・フランスが回想録を書いた館などが点在している。

（『パリからの旅』より一部修正のうえ再録）

音を色に、絵画を音楽に

遺作のひとつとなった『配色の手帖』（一九八七年一〇月／草思社刊）には、堀内の色彩論も入る予定でした。少し書き出し、続きは病室でと原稿を抱えて入院しましたが、ついに一度も広げることなく終りました。これは、音楽と絵画をめぐる草稿からの抜粋です。

（堀内路子）

デッサンの名手で色彩の画家だったラウル・デュフィは、絵を描く喜びの上澄みのような両極を同時に表した。線は旋律、色は音。それを彼の〃オーケストラ〃の絵はたちどころに教えてくれる。素早い

線に現れるヴァイオリンの赤、チェロのオークル、管の黄がサッときらめくと、色の純粋な輝きが楽器の音のように響く。

画面が楽譜。それがどの調で描かれたのか分かるほどだとチェリストのパブロ・カザルスは評した。音楽を視覚化する試みは音楽家の側にも以前からあって、スクリャービンは音階を色調に置き換えた色光を放つ悪魔のように複雑な演奏装置を考えたが、音楽会を題材にしたデュフィの〝音色〟は魔術的なものでなく、ツイードよりもアップリケの素直さである。

〝赤いヴァイオリン〟はその名の通り墨のデッサンのほかはフレンチ・バーミリオン一色で、ほかに色があるとすればそれは楽譜を示す塗り残されたキャンバスの白。テーブルと完璧なバロック的オブジェである楽器の艶やかな面に反射するその光を、画家は拭きとった絵具の跡や、筆のかすれで巧みに示している。

これと対のような〝モーツァルト讃〟は青の絵だ。ピアノも百合模様の壁紙も同じコバルトブルーの濃淡で塗られ、白い楽譜にMOZARTの字が読める。

画家はヴァイオリンの生気を赤に、それに比して金属的なピアノと、悲しみをたたえた平安の音楽を青の世界に表した。

彼は、濃い赤と明るいローズは全く別の性格のものだが、青は常に青だ、と言っている。青は空でも水でもあり、光でも影でもある。自然の基調が茶色だった前時代の画家と違って、青はデュフィの最も好きな色なのだろう。それは彼がル・アーブル港の生れだからなのかも知れない。

堀内誠一（ほりうち・せいいち）

1932年12月東京向島生まれ。14歳で伊勢丹の宣伝課に入社。23歳でアドセンター設立に参加し、企業広告、ファッションショー、「週刊平凡」「平凡パンチ」のファッションページのディレクションを手がけると同時に、挿絵と絵本の仕事を始める。58年に初めての絵本『くろうまブランキー』を刊行。69年に独立し「アンアン」創刊時のアートディレクターを務めたのち、74年から家族とともにパリ郊外に暮らし、ヨーロッパ各地を旅する。
谷川との仕事は60年からの児童向け月刊誌の挿絵に始まり、共著に『ことばのえほん』『マザー・グースのうた』『わらべうた』『21人のわらうひとともうひとり』など。
その他の主な絵本に『たろうのおでかけ』『ぐるんぱのようちえん』『こすずめのぼうけん』などがある。絵本以外の著書に、早すぎる自伝と称した『父の時代 私の時代』、絵本への思いが込められた『絵本の世界 110人のイラストレーター』『ぼくの絵本美術館』、生涯好きだった旅を文とイラストと写真で綴った『パリからの旅』『堀内誠一の空飛ぶ絨緞』、親しい知人たちに送った絵入りの手紙をまとめた『パリからの手紙』『旅の仲間　澁澤龍彦との往復書簡』など。
1987年8月、下咽頭癌のため死去。享年54 。

「ピアノの本」の思い出　　堀内花子

父がヤマハの楽器店やピアノ教室などで配られるPR誌「ピアノの本」の表紙を描き始めたのは1979年です。谷川俊太郎さんとの『マザー・グースのうた』の出版社が同誌の編集をしていたご縁でした。最初の一枚は、遠くに海を望む明るい南仏の窓辺の絵です。当時私たちは家族でパリ郊外に暮らしており、父は毎号四季折々のヨーロッパの風景を描いていました。

1981年に父が帰国する頃、「ピアノを絵の中に入れてほしい」とのリクエストがあり、作曲家シリーズが始まります。その一人めはブラームスでした（1982年44号）。最初は渋々だったのに、父はどんどん面白くなったようで、11人めのドビュッシーからはエッセイの連載も始めます。本書に収録されながら父のエッセイがない作曲家がいるのはそのためです。

父の音楽好きを家族が知ったのは、フランスで暮らすようになってからです。CDはまだ登場していませんから、仕事中はラジオ、それ以外の時はレコードをかけて何かしら聞いていました。

歌曲やオペラも聴いていましたが、ピアノがとても好きでした。とりわけ思い出される奏者はエドウィン・フィッシャー、リヒテル、ハスキル。作曲家ではモーツァルト、シューベルト、そしてメンデルスゾーン。ピアニストでもあり、編集者、ライターでもあったシューマンのことは「いいヤツ」だと評しています。共感する部分が多かったのかもしれません。

フェルナン・レジェ風のミヨーを描きあげて（1987年74号）入院し、帰らぬ人となりました。

堀内誠一　絵［初出］
p.1, 40下, 52中, 64下, 72下, 84, 100下, 116, 117下, 156 ——未発表
p.52下, 149下 ——「アンアン」1982年（「堀内誠一の空飛ぶ絨緞」より）
p.120, 152, 153, 155 ——「アンアン」1980年（「パリからの旅」より）
p.6, 7, 8, 9, 100 ——「室内」1985年
その他はすべて「ピアノの本」1979 ～ 1987年
カバー装画：エリック・サティ——「ピアノの本」52号／ 1984年
表紙カット：「アンアン」1982年（「堀内誠一の空飛ぶ絨緞」より）

谷川俊太郎（たにかわ・しゅんたろう）

1931年12月東京生まれ。1952年第一詩集『二十億光年の孤独』を刊行。詩集のほか、散文、絵本、童話、翻訳など多彩なジャンルで活躍。
受賞詩集に、『日々の地図』（読売文学賞）、『よしなしうた』（現代詩花椿賞）、『女に』（丸山豊記念現代詩賞）、『世間知ラズ』（萩原朔太郎賞）、『シャガールと木の葉』（毎日芸術賞）、『私』（詩歌文学賞）、『トロムソコラージュ』（鮎川信夫賞）、『詩に就いて』（三好達治賞）などがあり、そのほかの詩集に、『旅』『夜中に台所でぼくはきみに話しかけたかった』『定義』『みみをすます』『はだか』『モーツァルトを聴く人』『夜のミッキー・マウス』『ベージュ』などがある
絵本のジャンルでも、右記堀内との共作のほか、『もこもこもこ』（元永定正・絵）、『わたし』（長新太・絵）、『あな』（和田誠・絵）、『これはのみのぴこ』（和田誠・絵）など多くの作品がある。
『マザー・グースのうた』、『PEANUTS（スヌーピー）』や『スイミー』『フレドリック』などレオ・レオニ絵本の翻訳も多数。

「堀内さんはモーツァルトと同じく、夭折の天才としか言いようのない人です」（谷川俊太郎）

谷川俊太郎 収録詩［初出］
幽霊 『詩を贈ろうとすることは』1991年5月
人を愛することの出来ぬ者も 『モーツァルトを聴く人』1995年1月
音楽の中へ 『私』2007年11月
［子供の領分］のために 徳川眞弓ピアノ・リサイタルのための書き下ろし 2012年7月
夢のあとに 書き下ろし ／贈り物 書き下ろし
ときめき 書き下ろし／音楽 「midnight press」2005年冬号
音楽ふたたび 『私』2007年11月
ベートヴェニアーナ 「現代詩手帖」臨時増刊 1975年10月／一振りの剣 書き下ろし
便り 『十八歳』1993年3月／午後のお茶 書き下ろし／音楽の時 不明
絵と音 書き下ろし／ひとりで 『世間知ラズ』1999年3月／音楽のなか 不明
終わりと始まり 『詩の本』2009年9月／ハバネラ 書き下ろし
今此処の私のために 書き下ろし／ゴールドベルク讃歌 「万有」2001年5月
至福 「サイトウ・キネン・フェスティバル〈詩と音楽〉Ⅲ」2012年8月
サティ風の気晴らし 「ユリイカ」臨時増刊 2016年1月／行進 『十八歳』1993年3月
数小節 書き下ろし／ギター 書き下ろし／アンダンテ 書き下ろし
兵士の物語 書き下ろし／鐘の音 書き下ろし／秋 『十八歳』1993年3月
魂に触れる 『詩の本』2009年9月／つまりきみは 『モーツァルトを聴く人』1995年1月
（＊『十八歳』は著者十代の時に書かれた詩集。本文中には執筆年月日を記した）。

装丁・本文デザイン――中嶋香織

編集協力――堀内路子・花子・紅子

編集――刈谷政則

音楽の肖像

二〇二〇年十一月四日　初版第一刷発行
二〇二一年二月十五日　第三刷発行

著者――堀内誠一
谷川俊太郎

発行者――飯田昌宏

発行所――株式会社小学館
〒一〇一-八〇〇一　東京都千代田区一ツ橋二-三-一
編集〇三-三二三〇-五一三一　販売〇三-五二八一-三五五五

DTP――株式会社昭和ブライト

印刷所――図書印刷株式会社

製本所――株式会社若林製本工場

ISBN978-4-09-388785-4 C0095